Lernfuchs

LATEIN

Grammatik

1. Lernjahr

Compact Verlag

Bisher sind in dieser Reihe erschienen:

- Englisch: Übersetzung 5. Klasse
- Englisch: Grammatik 5./6. Klasse
- Deutsch: Aufsatztraining 5./6. Klasse
- Deutsch: Rechtschreibung 5. Klasse
- Deutsch: Grammatik 5. Klasse
- Mathematik: Textaufgaben 5. Klasse
- Mathematik: Bruchrechnen 6. Klasse
- Konzentration üben 5./6. Klasse
- Gedächtnis schulen 5./6. Klasse
- Latein: Grammatik 1. Lernjahr

Text: Daniela Niemann
Chefredaktion: Dr. Angela Sendlinger
Redaktion: Astrid Kaufmann
Fachredaktion: Anita Bischoff
Produktion: Wolfram Friedrich
Typografischer Entwurf: Carsten Abelbeck
Umschlaggestaltung: Axel Ganguin
Illustration: Franz Gerg

ISBN 978-3-8174-7452-3
7374521

Besuch uns im Internet: www.compactverlag.de

Inhaltsverzeichnis

Vorwort

Bereits im 1. Lernjahr Latein nimmst du die wichtigsten Grammatikregeln durch, die die Voraussetzung dafür sind, dass du einmal längere Texte problemlos übersetzen kannst. Wenn du das Gefühl hast, dass sich in den letzten Monaten schon einige Lücken aufgebaut haben, und du im Unterricht nicht immer alles mitbekommst, dann solltest du jetzt mit dem Wiederholen beginnen. Dieses Übungsbuch aus der Reihe *Lernfuchs* hilft dir dabei. Es geht hier nicht um stures Pauken, sondern darum, dass du dein Wissen korrekt anzuwenden lernst. Dafür wurden viele abwechslungsreiche Übungen ausgewählt, die speziell auf das Niveau des 1. Lernjahres abgestimmt sind.

Der Schwerpunkt liegt auf den Wortarten. Du lernst ihre Funktion im Satz kennen und wirst mit den verschiedenen Formen vertraut gemacht. Im Falle der Verben heißt das, dass du dich über die unterschiedlichen Konjugationsklassen sowie über die Zeitenbildung informieren kannst. Bei Substantiven und Adjektiven lernst du z. B. zu erkennen, welcher Deklination sie zuzuordnen sind. Darüber hinaus erfährst du, wie man Pronomen sowie kleine Wörter, wie Präpositionen und Zahlwörter, am besten übersetzt. Im letzten Drittel des Buches wirst du mit grundlegenden Satzkonstruktionen, wie den Relativsätzen oder dem AcI, vertraut gemacht.

Zu Beginn jedes neuen Themas wirst du zuerst in einem farbigen Regelkasten über das Wichtigste informiert. Dort findest du auch immer ein anschauliches Beispiel, damit du dir besser vorstellen kannst, was gemeint ist. Im Anschluss daran hast du zahlreiche Möglichkeiten zum Üben. Zwischendurch stößt du immer wieder auf einen Tipp, der dich darauf hinweist, wie die folgende Aufgabe am einfachsten zu lösen ist, oder der dir bestimmte Sonderfälle vorstellt. Mit den Lösungen am Ende des Buches kannst du prüfen, welche Fortschritte du gemacht hast.

1. Verben

Wenn man einen lateinischen Satz ins Deutsche übersetzt, dann beginnt man am besten mit dem Prädikat des Hauptsatzes, das immer aus einer konjugierten Verbform besteht. Man bestimmt die Form, überlegt sich eine passende Bedeutung und fragt dann die anderen Satzglieder ab. Das Verb nimmt also eine zentrale Stellung ein. Deshalb wird es hier als Erstes vorgestellt.

Die Konjugationsklassen und der Infinitiv

REGEL

Im Lateinischen gibt es 5 verschiedene Konjugationsklassen. Zu welcher Klasse ein bestimmtes Verb gehört, kann man an dem Buchstaben erkennen, auf den sein Stamm endet. Endet dieser beispielsweise auf *a*, so gehört es zur a-Konjugation.

a-Konjugation: *laudare, amare*; **e-Konjugation:** *monere, habere*
i-Konjugation: *audire, venire*;
konsonantische Konjugation: ⓐ kurzvokalische i-Stämme: *capere* (Stamm: *capi-*)
ⓑ konsonantische Stämme: *ducere* (Stamm: *duc-*)

1 **Wie lauten die folgenden Infinitive lateinisch (a-Konjugation)? Die doppelt unterstrichenen Buchstaben ergeben von oben nach unten gelesen das Lösungswort! Es handelt sich um eine Amtsbezeichnung im alten Rom.**

a) grüßen ═ _ _ _ _ _ _ _
b) betrachten _ _ ═ _ _ _ _ _
c) erzählen ═ _ _ _ _ _ _
d) schreien _ _ ═ _ _ _ _
e) tragen _ _ _ ═ _ _ _
f) rufen _ ═ _ _ _ _
g) fragen ═ _ _ _ _ _

TIPP

Die Infinitivendungen der e-Konjugation und der konsonantischen Konjugation sehen geschrieben vollkommen gleich aus. Der Unterschied wird jedoch an der Aussprache deutlich: Bei der e-Konjugation wird das *e* lang gesprochen (*monēre*), bei der konsonantischen Konjugation kurz (*capĕre*)! Du kannst die Klassen außerdem unterscheiden, indem du die 1. Person Singular im Präsens bildest (vgl. S. 8).

Beispiele: *monere – moneo,* aber: *capere – capio* bzw. *legere – lego*

2 **Hier sind Infinitive der e-Konjugation und der konsonantischen Konjugation durcheinandergeraten. Ordne und übersetze sie!**

iubere *currere* *cadere* *cupere*
colere *mittere* *petere* *prohibere*
respondere *crescere* *conspicere* *dicere*
sumere *emere* *incipere* *movere*
defendere

e-Konjugation: ______________________________

____

konsonantische Konjugation (i-Stämme): ______________________________

____

konsonantische Konjugation (konsonantische Stämme): ______________________________

____

____

3 **In diesem Buchstabengewirr stecken 7 Infinitive der i-Konjugation. Markiere sie. Schreibe sie dann auf ein Blatt und übersetze sie!**

A	F	A	P	E	R	I	R	E	G	X	E
I	L	U	D	O	S	V	E	N	I	R	E
V	B	D	O	R	M	I	R	E	P	O	U
S	C	I	R	E	U	S	T	S	L	Q	U
T	L	R	A	V	N	N	M	C	P	E	F
U	E	E	R	T	Q	H	U	I	G	T	H
R	U	I	S	E	N	T	I	R	E	Y	C
T	G	V	B	L	A	O	P	E	N	H	M

Das Präsens

REGEL

An den Stamm der Verben werden beim Konjugieren bestimmte Endungen angehängt. Diese sogenannten *Personalendungen* kennzeichnen, ob es sich um die 1., die 2. oder die 3. Person im Singular bzw. im Plural handelt. Die Personalendungen im Aktiv sind: *-o, -s, -t, -mus, -tis, -nt.* Im Präsens treten diese Endungen einfach an den Stamm.

Beispiel:

*habe-**o*** – ich habe
*habe-**s*** – du hast
*habe-**t*** – er/sie/es hat
*habe-**mus*** – wir haben
*habe-**tis*** – ihr habt
*habe-**nt*** – sie haben

TIPP

Die Personalendungen sind zwar grundsätzlich für alle Konjugationsklassen gleich. Dennoch musst du wissen, zu welcher Klasse das jeweilige Verb gehört, damit du die entsprechende Form richtig erkennen bzw. bilden kannst. Beachte folgende Besonderheiten:

- Bei der 1. Person Singular in der **a-Konjugation** verschluckt die Endung das *a* des Stammes: z. B. *laudo, amo*.
- Bei der 3. Person Plural tritt in der **konsonantischen Konjugation** und in der **i-Konjugation** ein *u* als Bindevokal zwischen Stamm und Endung: z. B. *audiunt, capiunt, legunt*.
- Immer wenn die Endung mit einem Konsonanten beginnt, tritt in der **konsonantischen Konjugation** noch ein *i* als Bindevokal zwischen Stamm und Endung: z. B. *legis, legimus* (aber: *legunt*, vgl. oben).

4 **Schreibe die folgenden Präsensformen hinter das Beispielwort im Infinitiv, das zur gleichen Konjugationsklasse gehört. Füge die Übersetzung hinzu.**

TIPP

Überlege bei jeder Form zuerst, wie der Infinitiv lautet! Bei den Verben der konsonantischen Konjugation brauchst du außerdem die 1. Person Singular, um die Konjugationsklasse eindeutig festzulegen.

pono, vides, scit, amat, sentio, agitis, sedent, aspicis, datis, creditis, habemus, voco, dicunt, veniunt, accipimus.

laudare: ____________________

monere: ____________________

audire: ____________________

capere: ____________________

legere: ____________________

Das Imperfekt

REGEL

Das Imperfekt wird vom Präsensstamm gebildet. Als **Tempuskennzeichen** wird zwischen Stamm und Endung die Silbe ***-ba-*** eingeschoben. Die Personalendungen sind dieselben wie im Präsens – bis auf die Endung der 1. Person Singular: Sie lautet *-m* statt *-o*.

Beispiel:

*lauda-**ba-m*** – ich lobte	*lauda-**ba**-mus* – wir lobten
*lauda-**ba**-s* – du lobtest	*lauda-**ba**-tis* – ihr lobtet
*lauda-**ba**-t* – er/sie/es lobte	*lauda-**ba**-nt* – sie lobten

Bei der i-Konjugation und bei der konsonantischen Konjugation wird außerdem zwischen Stamm und Tempuskennzeichen noch ein langes *-e-* als Bindevokal eingefügt.

Beispiele: *audi-**e**-ba-nt, capi-**e**-ba-t, leg-**e**-ba-s.*

5 **Bilde zu den folgenden Formen jeweils die Imperfektform und übersetze.**

stamus ____________________

ducit ____________________

audiunt ____________________

petis ____________________

conspicio ____________________

tacetis ____________________

Das Futur I

REGEL

Das Futur I wird je nach Konjugationsklasse auf zwei verschiedene Arten gebildet:
Bei **a- und e-Konjugation** wird zwischen Stamm und Endung das Tempuskennzeichen *-b-* eingeschoben. Wenn die Endung mit einem Konsonanten beginnt, tritt vor sie außerdem noch ein Bindevokal: in der 3. Person Plural *-u-*, sonst *-i-*.

Beispiel:	*lauda-**b**-o* – ich werde loben	*lauda-**b-i**-mus* – wir werden loben
	*lauda-**b-i**-s* – du wirst loben	*lauda-**b-i**-tis* – ihr werdet loben
	*lauda-**b-i**-t* – er/sie/es wird loben	*lauda-**b-u**-nt* – sie werden loben

Bei der **i-Konjugation** und der **konsonantischen Konjugation** wird als Tempuskennzeichen zwischen Stamm und Endung in der 1. Person Singular ***-a-***, in den anderen Personen ***-e-*** eingeschoben (z. B. *audi-**a**-m, capi-**e**-t, leg-**e**-mus*).

TIPP

Du kannst dir die beiden unterschiedlichen Futurbildungen als „bo-bi-bu-Futur" (Ausgänge: *bo, bis, bit, bimus, bitis, bunt*) und „Kameeeeel-Futur" merken!

6 Noch nicht, aber bald ...
Schreibe die folgenden Sätze ins Futur um!

Beispiel: Filius patrem nondum videt.– *Mox filius patrem videbit.*

a) Avia non hodie advenit. – Cras (morgen)____________________.
b) Magister: „Hodie pueros non laudo." – „Fortasse cras ____________________."
c) Nunc mihi tabulam non das. – Postea autem ____________________.

d) Nunc pueri rident. – Mox autem non iam ______________________.
e) Hodie servos in urbem non mittimus. – Cras autem ______________________
______________________.

TIPP
Verwechsle nicht die Formen des bo-bi-bu-Futur mit dem Imperfekt! Im Imperfekt ist die eingeschobene Silbe immer *-ba-*!

7 Übersetze folgende Sätze und achte dabei auf die Zeit.

a) Romani deis statuas collocabant.

____

b) Magister pueros et puellas laudabit.

____

c) Mox me visitabis. Tum tecum in oppido ambulabo.

____

____

d) Omnes servi patriam suam amabant.

____

TIPP
Verwechsle nicht die Präsensformen der e-Konjugation mit den Formen des *a-/e-*Futur! Achte immer genau darauf, zu welcher Konjugationsklasse das Verb gehört (*manes* ist Präsens, *leges* aber Futur).

8 **Welche dieser Wörter sind Präsensformen? Verbinde sie in alphabetischer Reihenfolge durch eine Linie. Diese wird einen Buchstaben ergeben, der bei den Römern für eine Zahl stand. Was bedeutet er?**

- flemus
- valetis
- defendemus
- dicent
- colet
- ages
- gaudet
- ponemus
- curret
- timent
- mittetis
- scribent
- petet
- sumemus
- rides
- crescet

Der Imperativ

REGEL

Der Imperativ ist die Befehlsform. Er endet im Singular immer auf den Vokal, der beim Infinitiv vor der Endung *-re* steht (z. B. *laud**a**! mon**e**! aud**i**! cap**e**! leg**e**!*). Im Plural endet er ganz ähnlich wie die 2. Person Plural im Präsens, nur auf *-te* statt auf *-tis* (z. B.: *lauda**te**! mone**te**! audi**te**! capi**te**! legi**te**!*).

9 **Der römische Schüler Quintus hat einen strengen Lehrer. Setze in die Lücken die passenden Imperative ein und übersetze auf einem Block.**

a) ____________ (intrare) domum, liberi!

____________ (considere)!

b) ____________ (manere) in sedibus, pueri!

____________ (tacere), Marce!

c) __________ (venire) ad tabulam, Quinte!

d) ____________ (aspicere) tabulam, pueri!

e) __________ (desinere) cenare, Marce! __________ (incipere) legere!

f) ____________ (narrare) de Caesare, Quinte!

g) __________ (aperire) fenestras, Quinte et Marce!

Das Perfekt

REGEL

Das Perfekt wird von einem anderen Stamm gebildet als das Präsens, das Imperfekt und das Futur. Es gibt mehrere Möglichkeiten, wie ein Verb seinen Perfektstamm bilden kann:

v-Perfekt (*laudare – laudavi, audire – audivi*)
u-Perfekt (*monere – monui, parere – parui*)
s-Perfekt (*manere – mansi, ducere – duxi;* ursprünglich: *ducsi*)
Dehnungsperfekt (*lĕgere – lēgi, mŏvere – mōvi*)
Reduplikationsperfekt (*dare – dedi, tangere – tetigi*)
Perfekt ohne Stammveränderung (*respondere – respondi*)

TIPP

Die a-Konjugation und die i-Konjugation bilden bis auf wenige Ausnahmen (z. B. *restare, aperire*) immer das v-Perfekt. Die e-Konjugation bildet fast immer (außer z. B. *delere, flere*) das u-Perfekt. Für die konsonantische Konjugation gibt es keine Regel. Hier musst du die Perfektformen lernen. Merke dir v. a. die unregelmäßigen Bildungen *incipere – coepi* und *tollere – sustuli*!

10

Bilde von folgenden Infinitiven die 1. Person Singular im Perfekt. Wenn du unten die richtigen Buchstaben einträgst, erhältst du ein lateinisches Sprichwort.

iubere	__	__	__	__ 15	__			
cenare	__	__	__ 11	__	__	__		
ridere	__ 5	__	__	__				
capere	__	__ 6	__	__				
errare	__	__ 2	__	__ 10	__	__		
venire	__	__ 1	__	__				
habere	__	__ 4	__	__ 8	__			
tenere	__ 16	__	__	__	__			
prohibere	__	__	__	__ 7	__	__	__ 12	__
promittere	__	__	__	__ 13	__	__	__	
comperire	__	__	__ 9	__	__ 14	__	__	
currere	__	__	__	__	__	__ 3	__	

1	2	3	4	5	6		7	8	9	10	11	12	13		14	15	16

REGEL

Wie du an der 1. Person Singular sehen konntest, hat das Perfekt andere **Personalendungen** als das Präsens: *-i, -isti, -it, -imus, -istis, -erunt.*

Beispiel: *laudav-**i*** – ich habe gelobt
*laudav-**isti*** – du hast gelobt
*laudav-**it*** – er/sie/es hat gelobt
*laudav-**imus*** – wir haben gelobt
*laudav-**istis*** – ihr habt gelobt
*laudav-**erunt*** – sie haben gelobt

TIPP

Besonders bei den Verben, bei denen man den Perfektstamm vom Präsensstamm kaum oder gar nicht unterscheiden kann (z. B. *defendere – defendi*), musst du auf die Endungen achten! Sie verraten dir oft, welche Zeit vorliegt (*defenditis* ist Präsens, *defendistis* ist Perfekt).

11 Füge in die Lücken jeweils ein passendes Verb aus der Reihe von kursiv gedruckten Wörtern ein! Verwende dabei Perfektformen! Übersetze dann auf einem Block.

invitare, iubere, delectare, conspicere, parere, convenire, placere, sustinere

a) Mater clamorem puellarum non iam ______________.

b) Magister puerum venire ____________, sed puer non ____________.

c) In monte stabamus, cum mare _________________.

d) Cur amicos vestros ad cenam non ___________________?

e) Amicus tuus erat in oppido. ___________________-ne cum eo?

f) Patrem meum dono _________________. Donum _____________ ei.

REGEL

Es gibt im Lateinischen einen Bedeutungsunterschied zwischen Imperfekt und Perfekt:

- Das **Imperfekt** drückt **Versuch, Dauer oder Wiederholung** einer Handlung aus.

Beispiel: *Amicos advocabamus, sed nos non audiebant.* – Wir riefen die Freunde (immer wieder) herbei / wir versuchten, die Freunde herbeizurufen, aber sie hörten uns (die ganze Zeit) nicht.

- Das **Perfekt** drückt eine **einmalige Handlung** in der Vergangenheit aus.

Beispiel: *Ego te advocavi, tu venisti.* – Ich rief dich (einmal) her, du kamst (daraufhin).

TIPP

Im Lateinischen ist das Perfekt die Erzählzeit, im Deutschen aber das Präteritum! Du musst deswegen häufig das lateinische Perfekt im Deutschen mit Präteritum übersetzen!

12 **Entscheide, ob du in diesen Sätzen die Form im Perfekt oder im Imperfekt einsetzen musst. Übersetze dann.**

a) Romani antiqui diu multos deos et deas ____________ (colere).

b) In viis ____________ (errare), cum servus ____________ (apparere) et me domum ____________ (ducere).

c) Cum amici __________ (venire), nos semper ___________ (gaudere).

d) Quintus hora sexta ambulare ______________ (solere).

e) Diu Titus ________ (dubitare), postremo autem templum ________ (intrare).

Das Plusquamperfekt

REGEL

Das Plusquamperfekt ist die Vorvergangenheit. Das Geschehen, von dem in dieser Zeitstufe berichtet wird, liegt also vor dem Geschehen im Imperfekt bzw. im Perfekt. Das Plusquamperfekt wird vom Perfektstamm gebildet: Als **Tempuskennzeichen** wird ***-era-*** angehängt. Die Personalendungen sind dieselben wie im Imperfekt!

Beispiel:

*laudav-**era**-m* – ich hatte gelobt	*laudav-**era**-mus* – wir hatten gelobt
*laudav-**era**-s* – du hattest gelobt	*laudav-**era**-tis* – ihr hattet gelobt
*audav-**era**-t* – er/sie/es hatte gelobt	*laudav-**era**-nt* – sie hatten gelobt

13 Setze folgende Formen ins Plusquamperfekt.

pugnavi	____________________	promisisti	____________________
coepimus	____________________	petebat	____________________
ducunt	____________________	amabitis	____________________
dixistis	____________________	posuerunt	____________________
desiit	____________________	respondit	____________________

14 Verbinde in beiden Spalten immer zwei Teile so, dass du korrekte lateinische Verbformen erhältst.

cogno-	-eratis	mane-	-erat
dixi-	-rant	ius-	-bas
posue-	-ivistis	timue-	-am
sens-	-veras	freg-	-sistis
cup-	-eo	offender-	-psisti
mon-	-mus	sum-	-runt

TIPP

Die Zeitensetzung ist im Lateinischen strenger als im Deutschen. Wenn eine Handlung vor einer anderen geschehen ist, muss diese Vorzeitigkeit unbedingt ausgedrückt werden.

Beispiel: ***Veni,*** *quia amicus me* ***invitaverat.*** – Ich **bin gekommen**, weil der Freund mich **eingeladen hat/hatte**.

15 **Ergänze in den folgenden Sätzen die Endungen (Perfekt, Imperfekt oder Plusquamperfekt) richtig. Übersetze dann auf einem Block.**

a) Pater modo domum ven______, cum filii eum terr________.

b) Ego ante multos annos Tito epistulam mi_______. Heri (gestern) nuntium eius acc_______.

c) Iam diu clamorem audi_______. Tum autem etiam causam clamoris cogno_________.

d) Homines furem diu quae________, sed eum videre non iam pot_____, quia tam cito cu_________.

Unregelmäßige Verben

Wie bei modernen Sprachen gibt es auch im Lateinischen einige Verben, bei denen die Zeitenbildung von den genannten Regeln abweicht. Einigen von ihnen wirst du sogar sehr häufig begegnen, z. B. *ire, velle, nolle, esse.*

REGEL

Das Verb ***ire*** (gehen) bildet folgende unregelmäßige Formen:
Präsens: *eo, is, it, imus, itis, eunt;* **Imperativ:** *i, ite.* Das **Perfekt** hat den Stamm *i-*. Die Formen werden bis auf die 2. Person regelmäßig gebildet: *ii,* ***isti****, iit, iimus,* ***istis****, ierunt.*
Futur (bo-bi-bu-Futur: *ibo, ibis, ...*), **Imperfekt** (*ibam, ibas ...*) und **Plusquamperfekt** (*ieram, ieras ...*) werden regelmäßig gebildet.

16 Füge die Formen lateinisch in Pfeilrichtung ein.

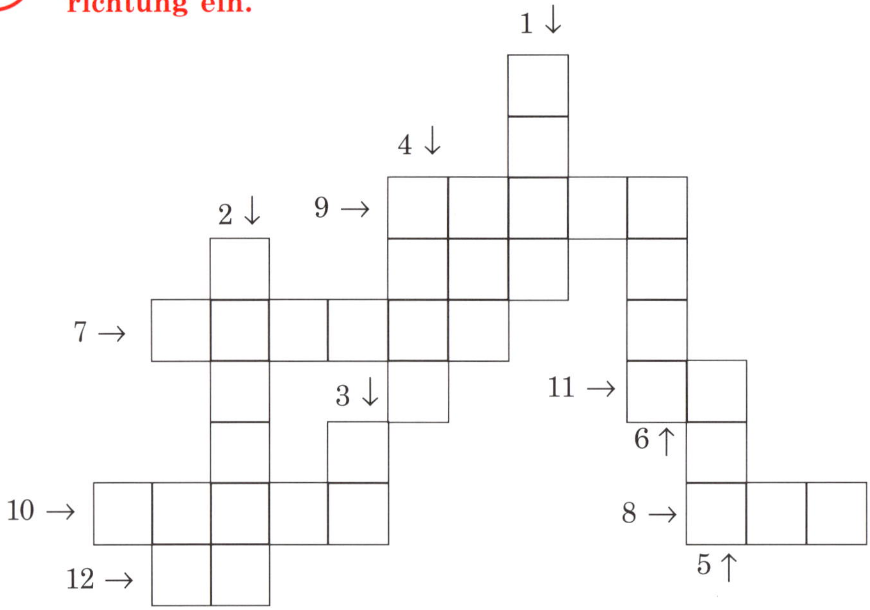

1) du gingst; 2) wir gingen; 3) er geht; 4) er wird gehen; 5) ich werde gehen; 6) sie gehen; 7) ihr werdet gehen; 8) geht!; 9) sie gingen; 10) sie werden gehen; 11) ich gehe; 12) du gehst.

REGEL

Die Verben ***velle*** und ***nolle*** bilden folgende unregelmäßige Formen:
Präsens von *velle* (wollen): *volo, vis, vult, volumus, vultis, volunt.*
Das **Präsens** von *nolle* (nicht wollen) hat zum Teil eigene Formen, zum Teil zusammengesetzte: *nolo, **non vis**, **non vult**, nolumus, **non vultis**, nolunt.*
Das **Futur** (a-/e-Futur: *volam/nolam, voles/noles* ...) wird regelmäßig gebildet.
Das **Imperfekt** wird regelmäßig gebildet (*volebam/nolebam, volebas/nolebas* ...)
Die **Perfektstämme** *volu-* und *nolu-* bilden regelmäßige Formen.

17 Übersetze folgende Sätze ins Lateinische.

a) Ihr wolltet den Redner hören, wir wollten ihn nicht hören.

____

b) Warum wollt ihr nicht in die Stadt gehen? Ich will gehen.

____

c) Der Großvater wird dich sehen wollen. Willst du ihn sehen?

____

d) Warum willst du den Eltern nicht gehorchen?

____

REGEL

Das Verb ***esse*** (sein) bildet folgende unregelmäßige Formen:

Präsens: *sum, es, est, sumus, estis, sunt*; **Imperativ:** *es, este*; **Imperfekt:** *eram, eras, erat, eramus, eratis, erant*; **Futur:** *ero, eris, erit, erimus, eritis, erunt.*

Der Perfektstamm lautet *fu-*. Von ihm werden die Formen regelmäßig gebildet, beispielsweise *fui, fuisti* ...

18 Vervollständige die Tabelle, indem du immer die gleiche Form von den anderen Verben bildest!

ire	velle	nolle	esse
eo			
	volet		
ieras			
	volebamus		
ibunt			
		noluistis	
			erat
		noluerunt	

TIPP

Das Verb *esse* wird oft als Hilfsverb verwendet. Wenn es als Vollverb benutzt wird, bedeutet es *existieren* (z. B. *Caelum est.* – Es gibt einen Himmel./Der Himmel existiert.). Merke dir auch die Wendung *esse cum …* – mit jemandem zusammen sein (z. B. *Cum parentibus sum.* – Ich bin bei meinen Eltern / mit meinen Eltern zusammen.)!

19 Setze in die Lücken jeweils eine passende Form von *ire*, *velle*, *nolle* oder *esse* ein. Achte auf die richtige Zeit.

Titus puer narrat: „Hodie dies festus _________. Mater dixit: „__________ in oppidum, servi!“ Nam servi semper in oppidum _________, cum aliquid (etwas) emere __________. Etiam Claudia cum servis ire ___________, sed mater eam manere iussit, quia ___________ filiam cum servis ___________. Nunc Claudia domi cum Delia serva ___________. Iam saepe cum Delia __________, cum mater cenam parabat. Hodie servi cenam parabunt; cena magna __________. Pueri et puellae tum cum Delia ___________, etiam ego cum iis ___________. Mater enim ____________ nos servos perturbare. Valde amo cum Delia __________, nam serva fabulas pulchras narrare solet. Si Delia fabulas narrare __________, fortasse ludemus. Cum cenabimus, laetus __________, quod cenam bonam amo.“

REGEL

Wenn das Verb *esse* als **Hilfsverb** verwendet wird, dann wird es mit einem **Prädikatsnomen** kombiniert, das wie das Subjekt im Nominativ steht. Die Form des Hilfsverbs (Copula) und das Prädikatsnomen bilden gemeinsam das Prädikat.
Beispiel: *Lucius* ***puer est.*** – Lucius ist ein Junge.

Das Prädikatsnomen kann auch ein Adjektiv sein. Es muss dann mit dem Subjekt in KNG-Kongruenz (vgl. S. 33/34) übereinstimmen.
Beispiel: *Puella* ***parva est.*** – Das Mädchen ist klein.

20 Verbinde die Satzbruchstücke zu sinnvollen Sätzen! Übersetze!

a) Mater mea	sedulus (fleißig) non eras?
b) Temporibus antiquis (alt) Romani	servi eratis!
c) Dave et Syre, diu	valde severa (streng) est.
d) Ego laboravi. Cur tu	non iam liberi, sed servi sumus.
e) Servum manere iubere non potes,	quia libera non iam sum.
f) Piratae nos vicerunt. Nunc	nam dominus eius non es.
g) Maesta sum,	multorum hominum domini erant.

2. Substantive und Adjektive

REGEL

Substantive und Adjektive werden dekliniert. Auch bei der Deklination werden im Lateinischen Endungen angehängt. An ihnen erkennt man den Kasus (Fall) und den Numerus (Singular bzw. Plural). Das Lateinische kennt fünf Kasus: **Nominativ** *(wer oder was?)*, **Genitiv** *(wessen?)*, **Dativ** *(wem?)*, **Akkusativ** *(wen oder was?)*, **Ablativ** *(durch wen oder was?)*.
Da der Ablativ mehrere Bedeutungen haben kann, wird er auf S. 48 ausführlicher behandelt.
Jedes Substantiv hat ein Geschlecht. Im Lateinischen gibt es das Maskulinum (männlich), das Femininum (weiblich) und das Neutrum (sächlich).

Substantive der a-Deklination

REGEL

Die Substantive der **a-Deklination** enden im Nominativ Singular auf *-a* (z. B. *fili**a***, *ar**a***, *puell**a***). Sie sind fast alle weiblich; es gibt nur wenige männliche Beispiele (*naut**a***, *pirat**a***). Letztere bezeichnen männliche Personen; man spricht hier von „natürlichem Geschlecht“.
Kasusausgänge im Singular: *-a, -ae, -ae, -am, -a*
Kasusausgänge im Plural: *-ae, -arum, -is, -as, -is*

Beispiel:	*amic**a***	*amic**ae***
	*amic**ae***	*amic**arum***
	*amic**ae***	*amic**is***
	*amic**am***	*amic**is***
	*amic**a***	*amic**as***

1 Übersetze folgende Ausdrücke. Die Zahlen in den Klammern sagen dir, wie viele Möglichkeiten es gibt.

a) die Freundinnen (2) ______________________________

b) des Altars (1) ______________________________

c) der Seeleute (1) ______________________________

d) durch die Flammen (1) ______________________________

e) den Töchtern (1) ______________________________

Substantive der o-Deklination

REGEL

Die **männlichen Substantive** der o-Deklination enden im Nominativ auf *-us*, (z. B. *fili**us***, *de**us***, *amic**us***). Kasusendungen im Singular: *-us, -i, -o, -um, -o*; Kasusendungen im Plural: *-i, -orum, -is, -os, -is*.

Beispiel: *amic**us**, amic**i**, amic**o**, amic**um**, amic**o***
*amic**i**, amic**orum**, amic**is**, amic**os**, amic**is**.*

Die **sächlichen Substantive** der o-Deklination enden im Nominativ auf *-um* (z. B.: *cael**um***, *don**um***, *exempl**um***). Sie werden dekliniert wie die männlichen, nur im Nominativ und Akkusativ Plural enden sie auf *-a*.

Beispiel: *don**um**, don**i**, don**o**, don**um**, don**o***
*don**a**, don**orum**, don**is**, don**a**, don**is***

TIPP

Merke dir für alle Wörter im Neutrum, dass hier Nominativ und Akkusativ immer gleich aussehen.

2 Ordne folgende Substantivformen nach ihren Kasus. Gib jeweils an, ob es sich um Singular oder Plural handelt. Vorsicht: Manche Formen lassen sich mehreren Kategorien zuordnen!

bellum, anni, auxilio, avorum, cibos, deis, domino, exempla, numeri, nuntios, populorum, periculo, servus, verba, venti, vino, votorum

Nominativ: ______________________________

Genitiv: ______________________________

Dativ: ______________________________

Akkusativ: ______________________________

Ablativ: ______________________________

REGEL

Einige Substantive der o-Deklination enden auf ***-er***. Es gibt zwei Gruppen: Bei der einen endet der Stamm auf *-er*. An ihn werden dann ab dem Genitiv die bekannten Endungen angehängt (z. B. *pu**er**, pu**eri**, pu**ero*** ...).
Bei der anderen Gruppe endet der Stamm nur auf *-r*. Das *e* aus dem Nominativ taucht daher bei den anderen Formen nicht mehr auf; z. B. *ag**er**, ag**ri**, ag**ro**, ag**rum**, ag**ro***.

TIPP

Mithilfe der vorigen Regel kannst du zwei wichtige Wörter unterscheiden, die sich sehr ähnlich sind: *das Buch* = *liber, libri* ↔ *die Kinder* = *liberi, liberorum* (*liberi* kommt nur im Plural vor).

3 **Verfolge die Linien. Unterwegs erfährst du, welche Form du bilden sollst. Schreibe sie an das Ende der Linie!**

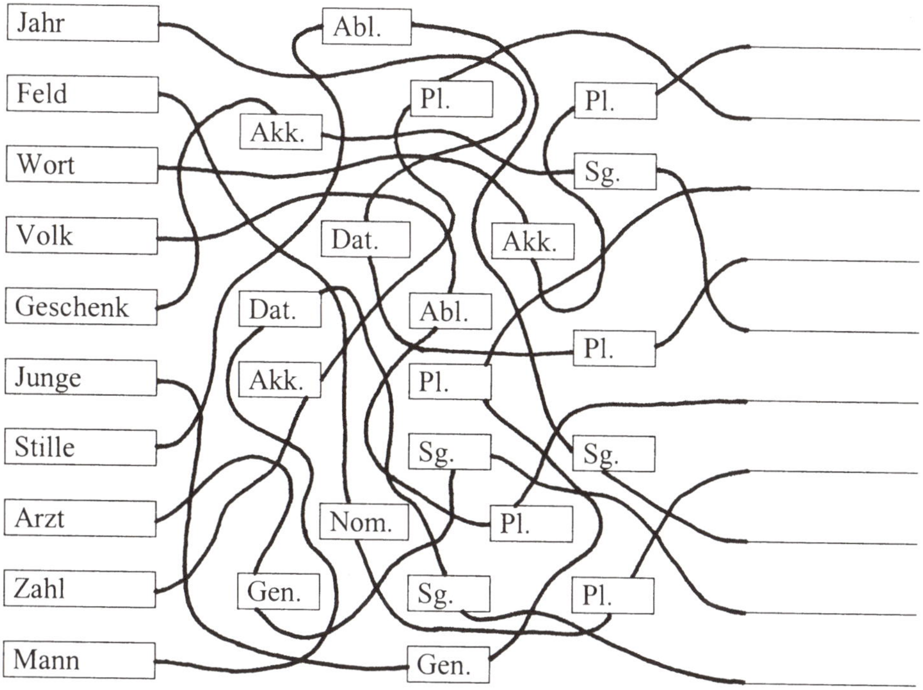

Substantive der konsonantischen Deklination

REGEL

Die konsonantische Deklination hat keine einheitlichen Wortstämme. Man kann den Stamm eines Wortes am besten am Genitiv erkennen, indem man dort die Endung *-is* wegnimmt (z. B. *orator*, *orator-is*; *mens*, *ment-is*). Der Stamm ist also *orator-* bzw. *ment-*. An ihn werden die Kasusendungen angehängt.

4 Bestimme mithilfe der vorigen Regel den Stamm der folgenden Substantive.

amor	________________	eques	________________
opus	________________	honos	________________
humanitas	________________	mons	________________
numen	________________	ars	________________

REGEL

Die Endungen der konsonantischen Deklination sind im Singular ab dem Genitiv *-is, -i, -em, -e*.
Der Nominativ kann ganz verschieden sein.
Im Plural sind die Endungen *-es, -um, -ibus, -es, -ibus*.
Beispiel: *orator, orator**is**, orator**i**, orator**em**, orator**e**;*
*orator**es**, orator**um**, orator**ibus**, orator**es**, orator**ibus**.*

TIPP

Das Substantiv *orator* hat im Genitiv eine andere Silbenzahl als im Nominativ (*o-ra-tor*: drei Silben; *o-ra-to-ris*: vier Silben). Man nennt solche Wörter „ungleichsilbig“. Wenn dort der Stamm mit einem Konsonanten endet, sind alle Endungen wie oben. Endet der Stamm aber auf zwei oder mehr Konsonanten (z. B. bei *pars, part-is*: *part-*), so endet der Genitiv Plural auf *-ium*: *partium*.
Ausnahmen: *pater, mater, frater*. Diese drei Wörter bilden den Genitiv Plural auf *-um*.

5 Verbinde die Bruchstücke zu richtigen lateinischen Formen.

aetat	cis	sort	um
vo	res	cla	ri
mont	bus	arb	ium
volu	um	mor	more
labo	ntati	iudi	ores
regi	ium	fu	cibus

REGEL

Substantive, die im Nominativ und Genitiv gleich viele Silben haben, nennt man „gleichsilbig“. Sie enden im Nominativ auf *-is* (z. B.: *nav**is**, mens**is***) oder auf *-es* (z. B. *sed**es***). Auch bei diesen Substantiven endet der Genitiv Plural auf *-ium* (*nav**ium**, sed**ium***).

Ausnahme: *iuvenis* (Gen. Pl. *iuven**um***)!

6 Bestimme die Formen in der linken Spalte nach ihrem Kasus und Numerus und bilde dann von den anderen Substantiven die entsprechenden Formen!

amicus	**pars**	**victor**	**navis**
amici			
amicis			
amicorum			
amico			

REGEL

In der konsonantischen Deklination kommen alle drei Geschlechter vor. Deshalb muss man das Wortgeschlecht mitlernen. Bei den Neutra gibt es eine Besonderheit: Sie lauten im Akkusativ Singular bzw. Plural immer genauso wie im Nominativ Singular bzw. Plural; im Nominativ und Akkusativ Plural enden sie auf *-a*.

Beispiel: ***caput***, *capitis, capiti,* ***caput***, *capite;*
capita, *capitum, capitibus,* ***capita***, *capitibus*

TIPP

Beachte, dass die Neutra, die im Nominativ auf *-e* enden (z. B. *mare*), einige spezielle Endungen haben: Abl. Sg. *-i*, Nom./Akk. Pl. *-ia*; Gen. Pl. *-ium*.

Beispiel: *mare, maris, mari, mare, mar**i**;*
*mar**ia**, mar**ium**, maribus, mar**ia**, maribus.*

7 Folge den Pfeilen und verändere die Form entsprechend der Angabe.

corpus	**nomen**	**iter**	**mare**
Genitiv ↓	Ablativ ↓	Dativ ↓	Genitiv ↓
________	________	________	________
Plural ↓	Plural ↓	Plural ↓	Plural ↓
________	________	________	________
Ablativ ↓	Genitiv ↓	Nominativ ↓	Akkusativ ↓
________	________	________	________
Singular ↓	Singular ↓	Akkusativ ↓	Singular ↓
________	________	________	________
Akkusativ ↓	Dativ ↓	Singular ↓	Ablativ ↓
________	________	________	________

Adjektive der a-/o-Deklination

REGEL

Adjektive sind Eigenschaftswörter, die zu einem Substantiv hinzutreten können. Sie werden wie Substantive dekliniert und können alle drei Geschlechter annehmen. Die Adjektive der *a-/o*-Deklination verändern dabei ihre Formen (z. B. *altus, alta, altum*). Die Deklinationsformen entsprechen denjenigen der Substantive *amicus* (m), *amica* (f) und *donum* (n).
Die Adjektive auf *-er* hängen die Endungen für die anderen Geschlechter an den Stamm an (z. B. *liber, libe**ra**, libe**rum**; pulch**er**, pulch**ra**, pulch**rum***).

8 **Übersetze folgende Adjektive. Verwende die Form des Maskulinum. Wenn du unten die Buchstaben richtig einträgst, kommen die Namen von zwei Göttern heraus, die Zwillinge sind.**

würdig ___ ___ ___ ___ ___ ___
9

rau ___ ___ ___ ___ ___
1

fremd ___ ___ ___ ___ ___ ___ ___
13 7

lang ___ ___ ___ ___ ___ ___
5 12

bereit ___ ___ ___ ___ ___ ___ ___
2 11

gut ___ ___ ___ ___ ___
3

fröhlich ___ ___ ___ ___ ___ ___
4 8

neu ___ ___ ___ ___ ___
6

links ___ ___ ___ ___ ___ ___ ___ ___
10

1	2	3	4	5	6	7	8	9	10	11	12	13

Adjektive der konsonantischen Deklination

REGEL

Bei den Adjektiven der konsonantischen Deklination gibt es drei Gruppen:
Einendige Adjektive: eine Endung für alle drei Geschlechter (z. B. *clemens*).
Zweiendige Adjektive: eigene Endung für das Neutrum (z. B. *brevis, breve; mortalis, mortale*).
Dreiendige Adjektive: für jedes Geschlecht eine andere Endung (z. B. *acer, acris, acre*).
Grundsätzlich werden sie alle wie die Substantive dekliniert; sie enden jedoch im Ablativ Singular immer auf *-i*, im Genitiv Plural immer auf *-ium* und im Neutrum Nominativ/Akkusativ Plural immer auf *-ia*.
Beispiel: *clemens, clement**is**, clement**i**, clement**em**, clement**i***
*clement**es*** (Neutr. *clement**ia***), *clement**ium**, clement**ibus***,
*clement**es*** (Neutr. *clement**ia***), *clement**ibus***

TIPP

Bedenke, dass du den Wortstamm – wie bei den Substantiven – nur am Genitiv erkennen kannst (*felix, felicis*; Stamm: *felic-*).

9 Verbinde die Satzbruchstücke zu sinnvollen Sätzen und übersetze.

Narrabo fabulam	cui erat nomen Asclepius.
Narrabo de filio mortali Apollinis,	homines morte liberavit.
Medicus erat et omnes homines	suis ingentibus necavit.
Etiam nonnullos (einige)	clamor omnium hominum.
Sed ea ars utilis	brevem.
Itaque Iuppiter eum fulminibus (fulmen, -inis n: Blitz)	morbis (morbus, -i m: Krankheit) liberare studebat.
Magnus erat	deis non placebat.

Kasus-Numerus-Genus-Kongruenz

REGEL

Adjektive müssen sich stets an ihr Bezugswort anpassen:
1. im Kasus: *amic**o** bon**o**, amic**um** bon**um***
2. im Numerus (Singular/Plural): *amic**um** bon**um**, amic**os** bon**os***
3. im Genus (Geschlecht): *amic**us** bon**us**, amic**a** bon**a**, don**um** bon**um***

Man spricht in diesem Fall von **KNG-Kongruenz** (Abkürzung für **K**asus-**N**umerus-**G**enus-**Kongruenz**).

TIPP

Bedenke, dass Substantiv und Adjektiv auch unterschiedliche Formen haben können, nämlich dann, wenn sie zu verschiedenen Deklinationsklassen gehören: *amici clementis, hominibus laetis.*

10 Ergänze bei den Adjektiven die Endungen.

amori magn____, populorum felic____, saxa grav____, civium laet____,

libertate iucund____, maria alt____, gladio util____/____, noctibus long____,

honores magn____/____, domini clement____/____, patris maest____, arbore

dur____, cenas ingent____, oraculum difficil____.

REGEL

Auch wenn das Adjektiv als Prädikatsnomen verwendet wird, muss es (im Gegensatz zum Deutschen) in Kasus, Numerus und Genus mit dem Bezugswort übereinstimmen:
Beispiel: *arb**or** magn**a*** – der große Baum;
*Arb**or** magn**a** est.* – Der Baum ist groß.

TIPP

Ist das Subjekt ein Infinitiv, so steht das Prädikatsnomen im Neutrum.
Beispiel: ***Cenare*** *iucundum est.* – Es ist angenehm zu speisen.

11 Setze die folgenden Adjektive sinnvoll in die Lücken. Achte dabei auf die Endungen.

pulcher, alienus (2 x), mortuus, ingens, longus, brevis, multi, bonus, magnus, novus.

Publius Romanus ____________ filios et filias habet. Itaque villa Publii

__________ est. Hodie vir ___________ familiam Publii visitat. Sedet in equo

___________. Davus servus, quia virum ignorat, eum primo salutat et dicit: „Hic

me exspecta. ____________ tempore domino meo nuntiabo te adesse (da sein)."

Tum villam intrat et dominum rogat: „Licetne viro __________ villam intrare?"

Publius respondet: „Eum exspecto."

Tum virum videt et clamat: „Tite amice! ______________ est te videre!“ Deinde explicat: „Titus amicus meus ___________ est. Nunc tandem post bellum ___________ revenit (zurückkommen). Iam putavi eum fortasse _____________ esse. Davus autem servus ____________ est, itaque te, amice, ignorat.“

TIPP

Beachte, dass manche Formen sowohl von einem Substantiv oder Adjektiv als auch von einem Verb stammen können. Die Form *serva* z. B. kann entweder Nominativ oder Ablativ von *serva* (Sklavin) sein oder der Imperativ von *servare* (retten).

12 Was können die folgenden Formen bedeuten?

vis (2) ____

cura (3) ____

veni (2) ____

sedes (4) ____

libera (5) ____

3. Pronomen

Wie der Name schon sagt, können Pronomen stellvertretend für ein bestimmtes Substantiv (Nomen) eingesetzt werden (*pro nomine*). Es gibt unterschiedliche Arten von Pronomen; die wichtigsten werden in diesem Kapitel kurz vorgestellt.

Personalpronomen, Reflexivpronomen und Possessivpronomen

REGEL

Das **Personalpronomen** (persönliches Fürwort) gibt es für die erste und zweite Person im Singular und Plural (= *ich, du, wir, ihr*) und kann dekliniert werden.

	1. Pers. Sing.	2. Pers. Sing.	1. Pers. Plural	2. Pers. Plural
Nominativ	*ego*	*tu*	*nos*	*vos*
Genitiv	*mei*	*tui*	*nostri/nostrum*	*vestri/vestrum*
Dativ	*mihi*	*tibi*	*nobis*	*vobis*
Akkusativ	*me*	*te*	*nos*	*vos*
Ablativ	*a me* *mecum*	*a te* *tecum*	*a nobis* *nobiscum*	*a vobis* *vobiscum*

TIPP

Das Personalpronomen wird *reflexiv* und *nicht reflexiv* gebraucht:
Beispiele: *Tu semper te laudas.* (reflexiv)
Tu mihi donum das. (nicht reflexiv)

REGEL

Das **Reflexivpronomen** (rückbezügliches Fürwort) gibt es nur für die 3. Person (*sein/ihrer, sich, mit sich*). Es ist in Singular und Plural identisch. Für die anderen Personen wird das Personalpronomen reflexiv gebraucht.
Beispiele: *sui* (Gen.), *sibi* (Dat.), *se* (Akk.), *a se* (Abl.), *secum* (Abl.).
Nicht reflexive Formen werden (außer im Nominativ) durch *is, ea, id* ersetzt.

REGEL

Das **Possessivpronomen** (besitzanzeigendes Fürwort) wird verwendet wie ein Adjektiv der a-/o-Deklination (*mein, dein, sein/ihr, unser, euer*).
Beispiele: *meus, tuus, noster, vester* (Für die 3. Person wird im Singular und im Plural *suus* verwendet.)

TIPP

Vergiss nicht: Im Nominativ wird das Personalpronomen nur zur starken Betonung gebraucht.
Beispiel: *Ego fabulam narravi, non tu!* – Ich habe die Geschichte erzählt, nicht du!

1 Übersetze folgende Sätze mit Pronomen ins Lateinische.

a) Wir haben gearbeitet, ihr aber habt geschlafen.

____

b) Ich habe meinen Herrn nicht gesehen. Hast du ihn gesehen?

____

c) Titus lobt immer sich und liebt nur (*tantum*) sich.

____

d) Gib mir mein Buch (*liber, -bri*)! Warum hast du dein Buch nicht bei dir?

____

e) Alle Völker verteidigen ihre Heimat.

____

f) Wir gehen mit euch in den Straßen unserer Stadt spazieren.

____

Das Demonstrativpronomen *is, ea, id*

REGEL

Das Demonstrativpronomen *is, ea, id* kann wie ein Adjektiv oder wie ein Substantiv gebraucht werden:

1. In der Bedeutung *dieser* handelt es sich um ein echtes Demonstrativpronomen. Diese Funktion hat es immer, wenn es im Nominativ vorkommt oder wie ein Adjektiv gebraucht wird.

Beispiel 1: *Is mihi non paruit.* – Dieser hat mir nicht gehorcht.
Eum virum video. – Diesen Mann sehe ich.

2. Es kann auch als Ersatz für das Personalpronomen der 3. Person stehen. Diese Funktion hat es in allen Kasus außer im Nominativ und nur, wenn es wie ein Substantiv gebraucht wird:

Beispiel 2: *Vir mihi appropinquat. Nunc eum video.* –
Ein Mann nähert sich mir. Nun sehe ich ihn.

REGEL

Die Deklinationsformen lauten:

is	*ea*	*id*
eius	*eius*	*eius*
ei	*ei*	*ei*
eum	*eam*	*id*
eo	*ea*	*eo*
ei/ii	*eae*	*ea*
eorum	*earum*	*eorum*
eis/iis	*eis/iis*	*eis/iis*
eos	*eas*	*ea*
eis/iis	*eis/iis*	*eis/iis*

2 **Ersetze in den folgenden Sätzen die unterstrichenen Substantive durch eine Form von *is, ea, id*.**

a) Marcus canem videt. Cani cibum dat, nam canes avi amat.

____

b) Filiae matri dona dant. Dona matrem delectant, non cena.

____

c) Mater amicis de donis narrat. Amicae matris gaudent.

____

d) Videsne servam? Serva mihi epistulam dedit, non filius.

____

e) Auxilium amicorum semper bonum est. Amicis gratiam habeo.

____

Relativpronomen

REGEL

Das Relativpronomen *qui, quae, quod* wird folgendermaßen dekliniert:

qui	*quae*	*quod*	*qui*	*quae*	*quae*
cuius	*cuius*	*cuius*	*quorum*	*quarum*	*quorum*
cui	*cui*	*cui*	*quibus*	*quibus*	*quibus*
quem	*quam*	*quod*	*quos*	*quas*	*quae*
quo	*qua*	*quo*	*quibus*	*quibus*	*quibus*

REGEL

Das Relativpronomen passt sich im Numerus und Genus immer an sein Bezugswort an (*vir, qui me amat; femina, quae me videt*). Der Kasus aber hängt davon ab, welche Satzgliedfunktion das Relativpronomen im Relativsatz übernimmt.

Beispiele: *vir,* ***qui*** *ibi stat* – der Mann, **der** dort steht
vir, ***cuius*** *canis me videt* – der Mann, **dessen** Hund mich sieht
vir, ***cui*** *donum dabo* – der Mann, **dem** ich das Geschenk geben werde
vir, ***quem*** *vidi* – der Mann, **den** ich gesehen habe
vir, ***de quo*** *narravi* – der Mann, **von dem** ich erzählt habe

3 Weil Marcus nie versteht, was gemeint ist, muss Claudia immer alles genauer erklären. Setze das richtige Relativpronomen ein.

a) equus, _______ ibi vides

b) pueri, _________ dona dedisti

c) puellae, _________ dona nos delectaverunt

d) regnum, de _______ audivimus

e) exempla, _______ nobis placent

f) villa, _______ est ad oram (Küste) sita

g) gladius, _________ fur senatorem necavit

h) periculum, _______ homines terret

i) oratores, ________ audivi

TIPP

Merke: „mit dem/der“ heißt *quocum, quacum, quocum*!

Interrogativpronomen

REGEL

Das **Interrogativpronomen** lautet *quis?* (wer?) und *quid?* (was?). Es wird dekliniert wie das Relativpronomen im Maskulinum und Neutrum (Akk. *quid!*). Sein Kasus hängt wie beim Relativpronomen davon ab, welche Satzgliedfunktion es im Satz übernimmt:

Beispiele: *Quis te terruit?* – Wer hat dich erschreckt?
Cuius canis te terruit? – Wessen Hund hat dich erschreckt? usw.

Das **adjektivische Interrogativpronomen** lautet wie das Relativpronomen:

Beispiele: *Quem canem vides?* – Welchen Hund siehst du?
Quae feminae id dixerunt? – Welche Frauen haben das gesagt?
Quod donum idoneum est? – Welches Geschenk ist passend?

4 **Marcus befragt Claudia. Hier sind ihre Antworten. Formuliere seine Fragen (Frage nach dem unterstrichenen Ausdruck.).**

Beispiel: *Filia Marcelli mihi donum dedit.* – Frage: ***Cuius*** *filia tibi donum dedit?*

a) Liviam amicam visitavi. – ______________________

b) Livia est filia Livii. – ______________________

c) Livia habitat in villa, quae est ad oram (Küste) sita. –

____

d) Servus ibi me salutavit. – ______________________

e) Liviae epistulam Titi dedi. – ______________________

Pronominaladjektive

REGEL

Pronominaladjektive sind Wörter, die zwar wie Adjektive verwendet werden, aber die Bedeutung eines Pronomens haben. Dazu gehören *solus, totus* und *nullus* sowie *alius* und das Zahlwort *unus*. Die Pronominaladjektive werden nach der a-/o-Deklination dekliniert; im Genitiv Singular enden sie jedoch auf *-ius* (*nullius, unius*), im Dativ auf *-i* (*toti, soli*). *Alius* hat im Genitiv die unregelmäßige Form *alterius*.

TIPP

Merke dir den Spruch:
„*Unus, solus, totus, nullus*
haben alle
-ius in dem zweiten Falle
und im Dativ enden sie
alle auf ein langes *-i*!

5 **Ergänze in den Lücken jeweils die richtige Form des Pronominaladjektivs. Übersetze dann auf deinem Block.**

a) In viis ____________ (totus) urbis te quaesivimus!

b) Te __________ (unus) fortuna amat, tibi __________ (unus) favet!

c) __________ (unus) nocte tempestas _________ (totus) oppida delevit (delere: zerstören).

d) Marco _________ (solus) narravi de parentibus, _________ (alius) amicis non narravi.

e) Claudius __________ (solus) __________ (nullus) homini paret.

4. „Kleine Wörter“

Präpositionen

REGEL

Präpositionen sind Wörter, die mit einem Substantiv oder Pronomen verbunden werden. Sie können z. B. eine Angabe über Ort oder Zeit machen. Im Lateinischen gibt es Präpositionen, die mit einem Substantiv im **Ablativ** verbunden werden, bei anderen steht der **Akkusativ**:

1. *A* und *ab, e, ex* und *de, cum* und *sine, pro* und *prae* stehen mit dem Ablativ.
2. *In* und *sub*, ja diese beiden können sich nicht recht entscheiden:
   Fragst du „wo?“, steht Ablativ, bei „wohin?“ Akkusativ.
3. Bei allen anderen sodann ist der Akkusativ stets dran.

TIPP

Achte auf den Unterschied: *in urbem* – in die Stadt; *in urbe* – in der Stadt; *sub tectum* – unter das Dach; *sub tecto* – unter dem Dach!

1 **Unterstreiche im folgenden Text alle Präpositionalausdrücke und übersetze sie ins Lateinische.**

Marcus geht früh morgens aus der Villa. Von der Villa geht er zur Stadt. Neben dem Tor (*porta, ae* f) stehen einige Menschen und unterhalten sich. Weil heute ein Festtag ist, wird in der Stadt beim Tempel (*templum, i* n) des Jupiter geopfert. Marcus ist ohne seinen Freund Quintus gekommen, der heute in seiner Villa arbeiten muss. Marcus geht durch das Tor in die Stadt. Er weiß: Nur der Priester wird in den Tempel gehen. Unter dem Dach des Tempels steht das Götterbild des Jupiter. Die Menschen bleiben vor dem Tempel; nur wenn sie Weihgeschenke bringen, gehen sie auch unter das Dach des Tempels. Nun erwartet Marcus mit seinem Freund Titus den Priester. Dieser kommt und führt das Opfertier über die Brücke. Als das Fest vorbei ist, geht Marcus heim; die Stadt liegt nun hinter seinem Rücken. Daheim erzählt er viel von dem Opfer (*sacrificium, i* n)

Zahlwörter von 1–10

REGEL

Es gibt zwei Sorten von Zahlwörtern: Die Kardinalzahlen und die Ordinalzahlen. Mit den **Kardinalzahlen** zählt man. Sie lauten *unus/una/unum, duo/duae/duo, tres/tria, quattuor, quinque, sex, septem, octo, novem, decem*. Ab vier sind sie unveränderlich (z. B. *duae naves, sex naves*).
Die **Ordinalzahlen** geben an, der Wievielte gemeint ist. Sie lauten *primus, secundus, tertius, quartus, quintus, sextus, septimus, octavus, nonus, decimus*. Die Ordinalzahlen werden wie Adjektive der a-/o-Deklination dekliniert (z. B. *tertia navis, quintus orator*).

TIPP

Merke: Statt *secundus* steht oft auch *alter*.

2 **Zähle in der Wortliste, wie oft die einzelnen Wörter jeweils vorkommen. Schreibe dann auf Lateinisch auf, wie viele es sind.**

Beispiel: Wenn *donum* dreimal vorkommt, schreibst du auf: *tria dona.*

via	rex	homo	canis	via	homo	civis	via
rex	civis	canis	mons	pirata	via	caput	canis
mons	via	civis	caput	mons	mons	pirata	filia
via	pirata	mons	civis	via	civis	gladius	homo
homo	mons	via	homo	homo	rex	civis	civis
civis	canis	homo	via	canis	via	homo	caput
filia	homo	pirata	caput	mons	canis	civitas	pirata

TIPP

Denke bei den Ordinalzahlen an die KNG-Kongruenz!

③ Verfolge die Linien und übersetze Ordinalzahl und Substantiv im richtigen Kasus.

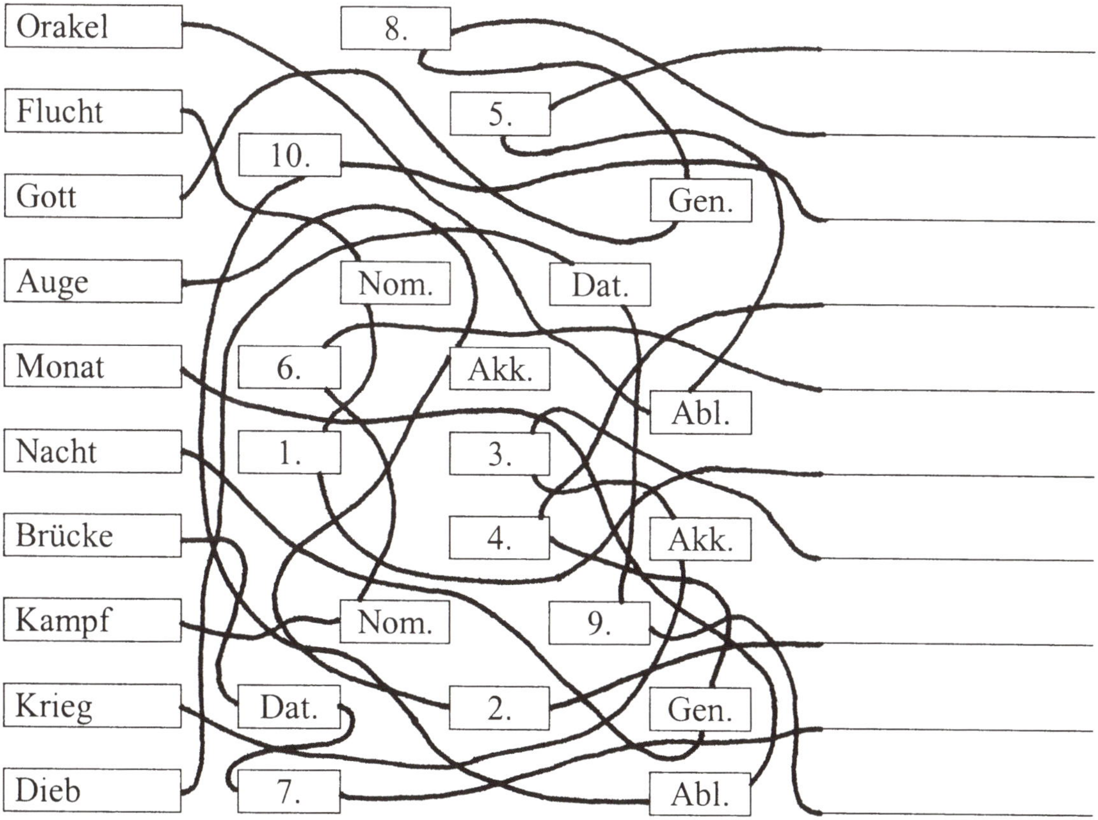

5. Hauptsätze

Die Satzglieder

REGEL

Man unterscheidet folgende Satzglieder:
Prädikat (Satzaussage), **Subjekt** (Frage: wer oder was?), **Akkusativ-Objekt** (Frage: wen oder was?), **Dativ-Objekt** (Frage: wem?), **adverbiale Bestimmung** (Angabe von Ort, Zeit, Art und Weise usw.)

Beispiel:	***Servus***	***equis***	***sine auxilio***	***cibum***	***apportat.***
	Subjekt	Dativ-Objekt	Adverbiale (Art und Weise)	Akkusativ-Objekt	Prädikat

TIPP

Die **adverbiale Bestimmung** kann z. B. durch einen Ausdruck mit Präposition (***ad*** *villam*) oder durch ein Adverb (*cito*) gebildet werden. Im Lateinischen ist auch ein Ablativ möglich (*Eum* ***dono*** *delectat.*).

1 **Baue folgende Wörter zu einfachen Sätzen zusammen.**

a) servus – dominus – videere ______________________

b) servi – in – villa – laborare ______________________

c) canis – puella – placere ______________________

d) fur – consul – gladius – necare ______________________

e) pueri – hodie – ad – villa – venire ______________________

REGEL

Das **Genitiv-Attribut** ist kein eigenständiges Satzglied. Es hängt immer von einem anderen Satzglied ab und gehört dann zu diesem dazu.
Beispiele:
*Servus **domini** equis cibum apportat. (zum Subjekt)*
*Servus equis **domini** cibum apportat. (zum Dativ-Objekt)*
*Servus sine auxilio **amici** cibum apportat. (zur adverbialen Bestimmung)*

Auch das **Prädikatsnomen** ist kein eigenständiges Satzglied, sondern bildet zusammen mit der Form des Hilfsverbs (Copula) das Prädikat:
Beispiel: Puer ***pulcher*** *est*.

TIPP

Genitiv-Attribute können vor oder nach ihrem Bezugswort stehen.
Das Subjekt kann im Prädikat stecken (z. B. *amabo* – ich werde lieben).

2 Bestimme in folgenden Sätzen die Satzglieder.

a) Servus narrat: villa domini mei magna et pulchra est.

____

b) Ibi multi servi equos curant. Ego semper aquam apporto.

____

c) Filiis domini equi placent. Filiae autem equos eius non amant.

____

d) Hodie cum pueris et puellis a villa in oppidum properabo.

____

Der Ablativ

REGEL

Der Ablativ kann im Satz verschiedene Funktionen haben:
1. Angabe der **Trennung**: *vitiis vacare* – frei von Fehlern sein (= ***Ablativus separativus***)
2. Angabe des **Mittels**: *gladio necare* – mit dem Schwert töten (= ***Ablativus instrumentalis***)
3. Angabe des **Grundes**: *auxilio gaudere* – sich über Hilfe freuen (= ***Ablativus causae***)
4. Angabe der **Art und Weise**: *aequo animo parere* – mit Gleichmut gehorchen (***Ablativus modi***). Hier kann auch *cum* dabeistehen!
5. Angabe der **Zeit**: *prima luce* – bei Tagesanbruch („beim ersten Licht") (= ***Ablativus temporis***)
6. Angabe des **Ortes**: *tota urbe* – in der ganzen Stadt (= ***Ablativus loci***). Hier kann auch *in* dabeistehen (*in magna urbe*)!
7. Angabe der **Beziehung**: *sapientia superare* – an Weisheit übertreffen (= ***Ablativus limitationis***)
8. **Mit Präposition** (vgl. Kapitel „Kleine Wörter")

3 **Übersetze in den folgenden Sätzen den Ablativ richtig.**

a) Galli magno periculo oppida sua defenderunt.

____

b) Hora sexta in urbe ambulavimus.

____

c) Hospes meus omnes humanitate superat.

____

d) Quia equi cibo carebant, equites loco idoneo constiterunt.

____

e) Imperator sapientia sua omnes e periculo servavit.

____

f) Meo iudicio nunc satis est!

____

TIPP

Bei manchen Verben hat das Lateinische eine andere Konstruktion als das Deutsche: „auf den Altar legen“ heißt *in ara ponere* (Frage: *wo?*), „in der Stadt zusammenkommen“ heißt *in urbem convenire* (Frage: *wohin?*)!

Das Prädikativum

REGEL

Substantive und Adjektive können in einem Satz – ähnlich wie ein Prädikatsnomen – zum Subjekt oder zu einem Objekt hinzutreten. Das Prädikat besteht in diesem Fall aus einem Vollverb oder hat bereits ein anderes Prädikatsnomen. Diese Erscheinung heißt *Prädikativum*. Man übersetzt es am besten mit *als*:

Beispiele: *Marcus* ***primus*** *venit.* – Marcus ist **als Erster** gekommen.
Marcum ***primum*** *vidi.* – Ich habe Marcus **als Ersten** gesehen.

TIPP

Das Prädikativum kann auch stehen, wenn das Subjekt „nur“ im Prädikat enthalten ist (*Marcum* ***primus*** *vidi.* – Ich habe Marcus **als Erster** gesehen).

4 Entscheide beim Übersetzen, ob du ein Prädikatsnomen oder ein Prädikativum vorfindest.

a) Titus praetor (Prätor: hoher Verwaltungsbeamter) provinciam administravit, deinde senator erat.

b) Omnes nuntio maesti erant; Gaius primus respondit.

c) Frater tuus solus dormiebat, dum cuncti laborabant.

Aussagesatz und Befehlssatz

REGEL

Im **Aussagesatz** steht das Prädikat im Indikativ. Aussagesätze werden mit *non* verneint.

Beispiele: *Medicus filium habet.* – Der Arzt hat einen Sohn.
Medicus filium non habet. – Der Arzt hat keinen Sohn.

Im **Befehlssatz** steht das Prädikat im Imperativ. Angesprochen ist die zweite Person im Singular oder im Plural.

Beispiele: *Veni ad tabulam!* – Komm an die Tafel!
Venite ad tabulam! – Kommt an die Tafel!

Wird die angesprochene Person genannt, so steht sie im **Vokativ**.

Beispiel: *Veni ad tabulam, **Marce**! Venite ad tabulam, **pueri**!*

TIPP

Denke daran, dass bei den Substantiven der o-Deklination auf *-us* der Vokativ im Singular auf *-e* endet: *Marce, medice, asine*. Im Plural und bei allen anderen Deklinationen hat der Vokativ die gleiche Form wie der Nominativ!

5 Forme die Aussagesätze in Befehlssätze um.

a) Servus dominae et domino cenam apportat.

____

b) Litteras fratri mittis.

____

c) In sedibus sedetis et ludos spectatis.

____

d) Semper laeti estis.

____

e) Pueri desinunt virum verbis offendere.

____

f) Patri pareo et filiam senatoris saluto.

____

g) Tandem magister desinit pueros interrogare.

____

TIPP

Merke: *Salve!/salvete!* – Sei/seid gegrüßt/Guten Tag!
Und: *Vale/valete!* – Leb/lebt wohl/Auf Wiedersehen!

Fragesätze

REGEL

Fragen, die mit einem Fragewort eingeleitet werden, nennt man **Wortfragen**. Fragewörter sind z. B. *cur? quando? quare?* oder das Fragepronomen *quis? quid?*

6 Setze in die Frage das passende Fragewort ein. Übersetze!

a) __________ est uxor tua? – Silvam (Wald) petivit, nam ibi ambulare vult.

b) __________ maesta es? – Canis meus mortuus est.

c) __________ iacet sub tecto? – Vinum sub tecto iacet.

d) __________ domum venisti? – Modo domum veni.

REGEL

Fragen, auf die man gewöhnlich nur *ja* oder *nein* antworten kann, nennt man **Satzfragen**. Es gibt im Lateinischen drei Möglichkeiten, solche Satzfragen einzuleiten:

1. *-ne* (Antwort: ja/nein): *Habes**ne** villam?* – Hast du eine Villa?
2. *nonne* (Antwort: ja) ***Nonne** habes villam?* – Hast du etwa keine Villa?
3. *num* (Antwort: nein): ***Num** habes villam?* – Hast du etwa eine Villa?

7 Finde die passenden Antworten zu den Fragen.

a) Estne amica tua in foro?	Certe mihi valde placet!
b) Num navis hodie veniet?	Valde pulchra est!
c) Estne filia eius pulchra?	In foro non est.
d) Nonne placet tibi villa mea?	Non hodie veniet, sed cras (morgen).

6. Gliedsätze

Relativsätze

REGEL

Relativsätze können entweder mit einem **Relativpronomen** eingeleitet werden (Pronomina) oder durch **Relativadverbien**. Letztere entsprechen den Fragewörtern: *ubi, unde, quo* usw.

Beispiele: *Terra,* ***unde*** *venio, pulchra est.* –
Das Land, aus dem (woher) ich komme, ist schön.
Terra, ***ubi*** *frater meus vivit, mihi placet.* –
Das Land, in dem (wo) mein Bruder lebt, gefällt mir.

1 **Setze jeweils das passende Relativpronomen in die Lücke ein und übersetze.**

a) Viri, __________ nomina ignoro, mecum cenaverunt et biberunt.

b) Videsne oratorem, __________ multi homines nunc appropinquant?

c) Num ignoras Ulixem (Odysseus), __________ decem annos in bello pugnabat?

d) Nonne audivisti de femina, __________ eum diu exspectabat?

e) Narra de consilio, __________ Ulixes Troiam (Troja) cepit!

f) Ante urbem est ager, __________ multa monumenta sunt.

g) Causam, __________ huc veni, tibi nunc nuntiabo.

h) Consilium, de __________ audivimus, bonum est.

i) Terra, __________ Afra serva venit, Africa est.

Kausalsätze und Konzessivsätze

REGEL

Kausalsätze und **Konzessivsätze** werden durch Konjunktionen eingeleitet: *quia/quod* („weil“) bzw. *quamquam* („obwohl“). Anders als im Deutschen oder Englischen ändert sich im Lateinischen die Satzstellung in Gliedsätzen nicht nach bestimmten Regeln!

2 **Forme jeweils einen der beiden Sätze zu einem Gliedsatz um. Verbinde die zwei Sätze mit der passenden Konjunktion und übersetze sie.**

a) Virum in iudicium vocaverunt. Civem necaverat.

____

b) Vir testes arcessit. Poenam (Strafe) fugere vult.

____

c) Iudex testes audire vult. Sentit virum poena dignum esse.

____

d) Testes multa narrant. Virum liberare student.

____

e) Iudex non vult testes verbis falsis (falsch) reum liberare. Eos iterum atque iterum rogat.

____

f) Denique eorum alius alia narrat. Iudex reum damnat (verurteilen).

____

g) Testes reum non liberaverunt. Studuerant eum liberare.

____

Temporalsätze und Konditionalsätze

REGEL

Temporalsätze können im Lateinischen durch die Konjunktion *cum* eingeleitet werden. Diese hat verschiedene Bedeutungen:

1. „immer wenn": *Cum te video, gaudeo.* –
   Immer wenn ich dich sehe, freue ich mich.
2. „als": *Cum in oppidum veni, Quintum vidi.* –
   Als ich in die Stadt kam, sah ich Quintus.
3. „als plötzlich": *Ambulabam, cum canis me petivit.* –
   Ich ging spazieren, als mich plötzlich ein Hund anfiel.

Konditionalsätze werden durch die Konjunktion *si* eingeleitet:
Si me videre vis, veni! – Wenn du mich sehen willst, (dann) komm!

TIPP

Verwechsle nicht das konditionale *wenn* (Bedingung) mit dem temporalen *(immer) wenn*!

3 **Gib bei den folgenden Sätzen an, ob im Lateinischen *cum* oder *si* stehen müsste.**

a) Wenn du mir diesen Korb bringst, bekommst du einen Apfel. ________

b) Die Mutter lobt ihren Sohn immer, wenn er ihr hilft. ________

c) Wenn die Kinder mit den Aufgaben fertig sind, dürfen sie mit dem Hund spazieren gehen. __________

d) Wenn es heute nicht regnet, kannst du draußen spielen. __________

TIPP

Wenn *cum* „als (plötzlich)" bedeutet, steht in der Vergangenheit normalerweise Imperfekt im Hauptsatz (weil es eine länger dauernde Handlung ist), im *cum*-Satz steht das Perfekt (weil die Handlung plötzlich und einmalig eintritt): *Cenabamus, cum servus intravit.* – Wir aßen (gerade), als (plötzlich) der Sklave eintrat.

4 Setze die richtige Konjunktion in die Sätze ein. Übersetze anschließend.

a) Laborabam, ________ clamor hominum me terruit.

b) ________ servum rogabamus, nobis semper de patria sua narrabat.

c) _______ nomen viri nescitis, rogate patrem!

d) _______ villam intravi, omnes tacebant.

e) _______ cibos emere volunt, forum petere solent.

f) Multi servi dominos suos amant, ______ clementes sunt.

5 Übersetze den Text auf deinem Block. Achte darauf, dass du die Zeiten richtig setzt und die Konjunktionen korrekt übersetzt.

Quintus et Titus fratres cum parentibus sedent et cenant, cum clamor magnus eos terret. In via canes latrant (bellen), homines clamant, nemo tacet. Statim etiam Quintus et Titus et parentes in viam currunt. Cum eo (dorthin) veniunt, vident feminas flere, pueros puellasque per viam errare. Unus e viris autem clamat: „Insula nostra ardet! Accurrite in auxilium, viri boni!" Omnes timent, sed Cornelius, pater puerorum, magna voce iubet: „Aquam apportate (apportare: herbeibringen)! Si omnibus viribus pugnabimus, flammas vincemus (vincere, vinco: besiegen)!“ Quod dominus iubet, etiam servi Cornelii accurrunt. Quintus horret; Titus autem, quamquam timet, properat et aquam apportat. Iam flammae crescunt. Nunc etiam Quintus accurrit et cunctis viribus laborat. Ita flammas vincunt. Unus e viris, qui in insula habitant (wohnen), venit et Cornelio gratias agit. Quod omnes nunc patrem laudant, Quintus et Titus valde gaudent.

TIPP

Denke bei der folgenden Übung an den Unterschied zwischen Imperfekt und Perfekt!

6 Setze in den gekürzten Text die Verbformen in der Vergangenheit ein.

Quintus et Titus fratres cum parentibus ______________ et ______________, cum clamor magnus eos ______________. Statim etiam Quintus et Titus et parentes in viam ______________. Ibi ______________ feminas flere, pueros puellasque per viam errare. Omnes ______________, sed Cornelius, pater puerorum, magna voce ______________: „Aquam apportate!“ Iam flammae ______________. Tum etiam Quintus ______________ et cunctis viribus ______________. Unus e viris ______________ et Cornelio gratias ______________.

7 **Livia hat den Text nicht ganz verstanden und stellt einige Fragen. Beantworte sie mit kurzen lateinischen Antworten, die du anschließend ins Deutsche übersetzt.**

Beispiel: Quis cum parentibus sedet?

→ ***Titus et Quintus cum parentibus sedent.***

a) Quid terret eos? – ______________________________

b) Quid faciunt feminae? – ______________________________

c) Cur servi Cornelii accurrunt? – ______________________________

____

d) Quis Cornelio gratias agit? – ______________________________

____

e) Timetne Titus? – ______________________________

f) Quis Cornelium laudat? – ______________________________

7. Der AcI

REGEL

Der AcI (*Accusativus cum Infinitivo*) ist eine Konstruktion, die aus einem Akkusativ und einem Infinitiv besteht. Er ist von Verben abhängig, die die Bedeutung *sagen, fühlen* oder *meinen* haben. Das können auch Verben wie *narrare* oder *audire* sein. Auch *iubere* steht mit AcI!

Der AcI kann im Deutschen nur selten wörtlich übersetzt werden. Man formt ihn deshalb am besten in einen ***dass*-Satz** um. Dabei wird der **Akkusativ** zum **Subjekt**, der **Infinitiv** zum **Prädikat** des *dass*-Satzes:

Beispiele: *Video amicum venire.* – Ich sehe den Freund kommen. (wörtlich)
Ich sehe, dass der Freund kommt. (umgeformt)
Scio amicum venire. – Ich weiß, dass der Freund kommt.
(wörtliche Übersetzung nicht möglich)

TIPP

Wenn das Prädikat mit einem Prädikatsnomen gebildet wird, dann steht im AcI auch das Prädikatsnomen im Akkusativ.

Beispiel: *Scio filiam eius pulchram esse.* –
Ich weiß, dass seine Tochter schön ist.

1 **Unterstreiche in den Sätzen den AcI und übersetze ihn mit einem dass-Satz.**

a) Video medicum laborare. ____________________

b) Comperio filiam cum amico in viis ambulare.

____

c) Pater narrat urbem magnam esse.

____

REGEL

In welcher **Zeit** der *dass*-Satz stehen muss, hängt vom Infinitiv des AcI ab: Steht der **Infinitv Präsens**, so ist der **AcI gleichzeitig** zum Prädikat des Satzes, in dem er steht; steht der **Infinitiv Perfekt**, so ist der **AcI vorzeitig**.

Beispiele:

Scio amicum errare. – Ich weiß, dass der Freund sich irrt.
Scio amicum erravisse. – Ich weiß, dass der Freund sich geirrt hat.
Sensi amicum errare. – Ich merkte, dass der Freund sich irrte.
Sensi amicum erravisse. – Ich merkte, dass der Freund sich geirrt hatte.

TIPP

Vorzeitig zum Präsens ist im Deutschen Präteritum oder Perfekt, zum Präteritum/Perfekt das Plusquamperfekt!

2 Übersetze die folgenden Sätze und achte auf das Zeitverhältnis.

a) Vidi servum legere. ______________________

b) Iuvenes audiverunt iudicem severum (streng) esse.

____

c) Audivi tibi dona placuisse.

____

d) Omnes sentiunt Claudiam Marco placere.

____

e) Scimus fortunam tibi favisse.

____

REGEL

Auch im AcI kann ein **Akkusativ-Objekt** vorkommen. In diesem Fall gibt es im AcI zwei Akkusative. Meistens kann man aus dem Sinn erschließen, welcher Akkusativ das Subjekt und welcher das Objekt sein muss. Man nennt dann den einen ***Subjektsakkusativ***, den anderen ***Objektsakkusativ***.

Beispiele:

Video servam cenam apportare. – Ich sehe, dass die Sklavin das Essen bringt.
Scio te villam habere. – Ich weiß, dass du eine Villa hast.

TIPP

Manchmal kann ein AcI auch zweideutig sein: *Scio Claudiam Marcum amare.* – Ich weiß, dass Claudia Marcus liebt/dass Marcus Claudia liebt. (Denke daran, dass die Wortstellung keinen Einfluss auf die Bedeutung hat!)

3 Bilde Sätze mit AcI und übersetze. Wo ist der AcI zweideutig?

a) Titus – iubere – serva – aqua – apportare

____

b) Omnes – scire – fur – consul – necavisse

____

c) Pueri – videre – arbor – magnus – esse

____

d) Pater – putare – servus – fabula – narravisse

____

e) Reus – respondere – alius – senator – gladius – petivisse

____

4 **Livia erzählt ihren Freunden eine Geschichte. Mache die Hauptsätze von „Livia narrat“ abhängig.**

a) Canis arborem vidit.

Livia narrat ______________________________.

b) In arbore sciurus (Eichhörnchen) sedit.

Livia narrat ______________________________.

c) Canis sciurum capere vult, sed eum non tangit.

Livia narrat ____________________

____

____

______________________________.

d) Itaque sciurus valde ridet.

Livia narrat ______________________________.

e) Sciurus autem non iam cavet (cavere, caveo, cavi: sich in Acht nehmen).

Livia narrat ______________________________

f) Tum sciurus de arbore cecidit et canis eum cepit.

Livia narrat ______________________________

______________________________.

Abschlussrätsel

1 **In jeder Reihe findest du eine Form, die nicht zu den anderen passt. Kreise sie ein. Wenn du die fett gedruckten Buchstaben der betreffenden Wörter der Reihe nach liest, kommt der Name einer römischen Göttin heraus.**

a) **a**mare, a**m**ore, ama**t**e, amat**i**s; b) i**b**is, ib**a**s, **i**bi, ibi**t**
c) m**e**nsis, **m**entis, m**o**ntis, me**n**tes; d) iu**b**e, iur**e**, i**u**ras, iube**s**
e) ma**r**e, m**o**re, mor**t**e, mo**n**te; f) vire**s**, vi**r**is, **v**obis, vir**o**s
g) par**e**te, **p**arate, p**a**rati, parat**i**s **Lösung:** ______________________

2 **In diesem Buchstabengewirr stecken 23 Verbformen. Markiere die Präsensformen rot, die Futurformen grün und die Imperfektformen blau.**

I	F	U	C	A	R	I	D	E	B	A	S	R	C
O	E	F	A	S	E	N	A	T	V	X	S	H	R
E	X	S	P	E	C	T	A	B	I	M	U	S	E
Z	E	O	E	E	D	R	A	R	D	Y	M	E	S
A	R	E	R	U	H	A	S	E	E	V	E	T	C
Q	C	U	P	I	E	T	D	G	T	E	M	F	E
U	E	F	R	B	I	B	I	T	I	B	U	N	T
A	N	E	R	A	H	Z	V	I	S	Y	S	C	N
H	T	E	G	S	I	U	E	V	U	L	P	I	A
D	R	S	N	E	S	C	I	E	T	S	U	B	I
E	G	R	O	Q	U	I	X	H	A	B	E	O	M
P	S	O	L	E	B	A	M	F	C	R	U	L	S
P	E	T	E	D	F	V	O	L	E	S	B	O	I
P	E	R	T	U	R	B	A	M	U	S	T	N	A

3 Übersetze die Formen ins Lateinische. Es gibt nur eine Möglichkeit, sie alle in das Gitterrätsel einzutragen!

TIPP

Fang beim Eintragen mit einem Wort an, dessen Buchstabenzahl nur einmal vorkommt!

2 Buchstaben: *wenn* 3 Buchstaben: *so, er gibt, gehen*
4 Buchstaben: *was?, die Straßen* (Akk.), *durch die Sonne, schnell, des Pferdes*
5 Buchstaben: *die Männer* (Akk.)
6 Buchstaben: *die Ersten* (Akk. Mask.), *der Arbeit* (Dat.), *die Dummen* (Nom.)
7 Buchstaben: *den Herren, die Zeiten*
9 Buchstaben: *den Rittern, der Flammen*

4 Hier sind die Endungen verloren gegangen! Ergänze sie so, dass der Text wieder einen Sinn gibt.

Hora sext____ est. Quintus in tabern____ (taberna: Wirtshaus) sed____ et Tiberium amic____ exspect____, sed Tiberius cess____. Quintus Tiberi____ diu exspect____ et vin____ bib____. Tandem ante port____ (porta: Tür) can____ Tiberi____ latrare (bellen) aud____. Tum amic____ tabern____ intr____.
Quintus surg____ et rog____: „Cur cess________? Iam diu te expect__________, tu autem huc non ven_________."
Tiberius autem respond____: „Sci____ te hic diu man________ et me exspect________. Vill____ me____ relinquere (verlassen) par_________, cum Antonius ven____ et me prohib______." Tum Quintus: „Vir____ miser____ es! Antoni____ non ignor____. Quis verb____ eius sustin____? Nunc mecum consid____ et vin____ bib____!"

5 Löse die Rätsel und trage die Buchstaben in die Kästchen für das Lösungswort ein!

1) pater patris; 2) quod viri agunt in bello; 3) pater et mater; 4) cito currere; 5) non publicus; 6) non maestus; 7) omnes homines sunt...; 8) non habere

1) ___ ___ ___ ___
(1. Buchstabe: 6)

2) ___ ___ ___ ___ ___ ___ ___
(1. Buchstabe: 3)

3) ___ ___ ___ ___ ___ ___ ___ ___
(3. Buchstabe: 9; 7. Buchstabe: 4)

4) ___ ___ ___ ___ ___ ___ ___ ___ ___
(3. Buchstabe: 8)

5) ___ ___ ___ ___ ___ ___ ___ ___
(3. Buchstabe: 1)

6) ___ ___ ___ ___ ___ ___
(4. Buchstabe: 7)

7) ___ ___ ___ ___ ___ ___ ___ ___
(1. Buchstabe: 2)

8) ___ ___ ___ ___ ___ ___
(3. Buchstabe: 5)

1	2	3	4	5	6	7	8	9

Lösungen

1. Verben

1. a) salutare; b) spectare; c) narrare; d) clamare; e) portare; f) vocare; g) rogare. **Lösungswort:** senator

2. **e-Konjugation:** iubere – befehlen; prohibere – hindern; respondere – antworten; movere – bewegen
   konsonantische Konjugation (i-Stämme): cupere – begehren; conspicere – erblicken; incipere – anfangen.
   konsonantische Konjugation (konsonantische Stämme): currere – laufen; cadere – fallen; colere – bebauen/pflegen/verehren; mittere – schicken; petere – bitten/verlangen; crescere – wachsen; dicere – sagen; sumere – nehmen; emere – kaufen; defendere – verteidigen.

3. **senkrecht:** audire – hören; nescire – nicht wissen.
   waagrecht: aperire – öffnen; scire – wissen; dormire – schlafen; venire – kommen; sentire – fühlen/meinen

4. **laudare:** *amat* – er/sie/es liebt; *datis* – ihr gebt; *voco* – ich rufe
   monere: *vides* – du siehst; *sedent* – sie sitzen; *habemus* – wir haben
   audire: *scit* – er/sie/es weiß; *sentio* – ich fühle; *veniunt* – sie kommen
   capere: *aspicis* – du blickst an; *accipimus* – wir nehmen an
   legere: *pono* – ich setze, stelle, lege; *agitis* – ihr tut; *creditis* – ihr glaubt; *dicunt* – sie sagen.

5. **stamus:** *stabamus* – wir standen; **ducit:** *ducebat* – er/sie/es führte; **audiunt:** *audiebant* – sie hörten; **petis:** *petebas* – du verlangtest; **conspicio:** *conspiciebam* – ich erblickte; **tacetis:** *tacebatis* – ihr schwiegt.

6. a) Cras avia adveniet. b) Magister: „Fortasse cras pueros laudabo.“
   c) Postea autem tabulam mihi dabis. d) Mox autem non iam ridebunt.
   e) Cras autem servos in urbem mittemus.

7. a) Die Römer stellten den Göttern Statuen auf.
b) Der Lehrer wird die Jungen und Mädchen loben.
c) Bald wirst du mich besuchen. Dann werde ich mit dir in der Stadt spazieren gehen. d) Alle Sklaven liebten ihre Heimat.

8. Präsensformen in alphabetischer Reihenfolge: flemus, gaudet, rides, timent, valetis; **gesuchtes Zeichen:** V (als arabische Zahl: 5).

9. a) *intrate*; *considite* – Betretet das Haus, Kinder! Setzt euch!
b) *manete/tace* – Bleibt auf den Stühlen, Jungen! Schweig (sei ruhig), Marcus! c) *veni* – Komm an die Tafel, Quintus!
d) *aspicite* – Schaut die Tafel an, Jungen!
e) *desine/incipe* – Hör auf zu essen, Marcus! Fang an zu lesen!
f) *narra* – Erzähle von Cäsar, Quintus!
g) *aperite* – Öffnet die Fenster, Quintus und Marcus!

10. iubere – *iussi*; habere – *habui*; cenare – *cenavi*; tenere – *tenui*; ridere – *risi*; prohibere – *prohibui*; capere – *cepi*; promittere – *promisi*; errare – *erravi*; comperire – *comperi*; venire – *veni*; currere – *cucurri*
Sprichwort: Errare humanum est. (Irren ist menschlich.)

11 a) *sustinuit* – Die Mutter hielt das Geschrei der Mädchen nicht mehr aus.
b) *iussit/paruit* – Der Lehrer befahl dem Schüler zu kommen, aber der Junge gehorchte nicht.
c) *conspeximus* – Wir standen auf dem Berg, als wir (plötzlich) das Meer erblickten.
d) *invitavistis* – Warum habt ihr eure Freunde nicht zum Essen eingeladen?
e) *convenisti* – Dein Freund war in der Stadt. Hast du dich mit ihm getroffen? (Bist du mit ihm zusammengekommen?)
f) *delectavi/placuit* – Ich habe meinen Vater mit einem Geschenk erfreut. Das Geschenk hat ihm gefallen.

12. a) *colebant* – Die alten Römer verehrten lange Zeit viele Götter und Göttinnen.

b) *errabam/apparuit/duxit* – Ich irrte in den Straßen herum, als (plötzlich) ein Sklave auftauchte und mich nach Hause führte.
c) *veniebant/gaudebamus* – Wenn die Freunde kamen, freuten wir uns immer.
d) *solebat* – Quintus pflegte zur sechsten Stunde spazieren zu gehen.
e) *dubitabat/intravit* – Titus zögerte lange, schließlich aber betrat er den Tempel.

13. pugnavi – **pugnaveram**; promisisti – **promiseras**; coepimus – **coeperamus**; petebat – **petiverat**; ducunt – **duxerant**; amabitis – **amaveratis**; dixistis – **dixeratis**; posuerunt – **posuerant**; desiit – **desierat**; respondit – **responderat**.

14. **Spalte 1:** cognoveras, diximus, posuerant, senseratis, cupivistis, moneo
Spalte 2: manebas, iussistis, timuerunt, fregerat, offenderam, sumpsisti

15. a) ven**erat**/terr**uerunt**. – Der Vater war gerade nach Hause gekommen, als seine Söhne ihn erschreckten.
b) mi**seram**/acc**epi**. – Ich hatte vor vielen Jahren Titus einen Brief geschickt. Gestern erhielt ich eine Nachricht von ihm.
c) audi**veram**/cogno**vi**. – Ich hatte das Geschrei schon lange gehört. Dann aber erkannte ich auch den Grund des Geschreis.
d) quae**rebant**/pot**erant**/cu**currerat**. – Die Leute suchten den Dieb lange, doch sie konnten ihn nicht mehr sehen, weil er so schnell gerannt war.

16.

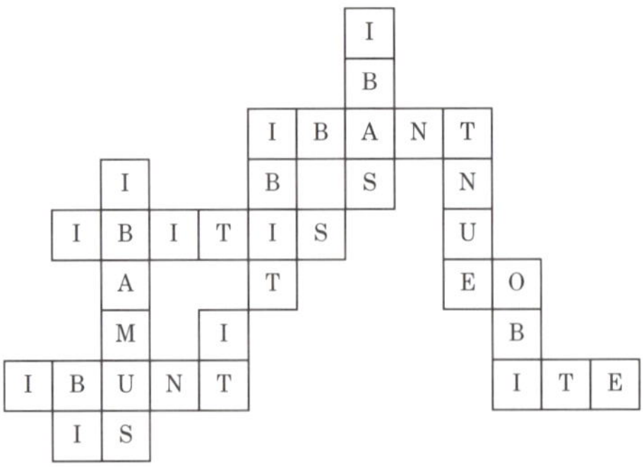

17. a) Vos oratorem audire volebatis, nos eum audire nolebamus.
   b) Cur in oppidum/urbem ire non vultis? Ego ire volo.
   c) Avus te videre volet. Visne tu eum videre?
   d) Cur parentibus parere non vis?

18.

ire	velle	nolle	esse
eo	**volo**	**nolo**	**sum**
ibit	volet	**nolet**	**erit**
ieras	**volueras**	**nolueras**	**fueras**
ibamus	volebamus	**nolebamus**	**eramus**
ibunt	**volent**	**nolent**	**erunt**
istis	**voluistis**	noluistis	**fuistis**
ibat	**volebat**	**nolebat**	erat
ierunt	**voluerunt**	noluerunt	**fuerunt**

19. Titus puer narrat: „Hodie dies festus **est**. Mater dixit: „**Ite** in oppidum, servi!“ Nam servi semper in oppidum **eunt**, cum aliquid (etwas) emere **volunt**. Etiam Claudia cum servis ire **voluit/volebat**, sed mater eam manere iussit, quia **noluit/nolebat** filiam cum servis **esse**. Nunc Claudia domi cum Delia serva **est**. Iam saepe cum Delia **erat**, cum mater cenam parabat. Hodie servi cenam parabunt; cena magna **erit**. Pueri et puellae tum cum Delia **erunt**, etiam ego cum iis **ero**. Mater enim **non vult** nos servos perturbare. Valde amo cum Delia **esse**, nam serva fabulas pulchras narrare solet. Si Delia fabulas narrare **nolet**, fortasse ludemus. Cum cenabimus, laetus **ero**, quod cenam bonam amo.“

20. a) Mater mea valde severa est. → Meine Mutter ist sehr streng.
   b) Temporibus antiquis (alt) Romani multorum hominum domini erant.
   → In alten Zeiten waren die Römer Herren über viele Menschen.
   c) Dave et Syre, diu servi eratis! → Davus und Syrus, ihr wart lange Zeit Sklaven!
   d) Ego laboravi. Cur tu sedulus (fleißig) non eras? → Ich habe gearbeitet.

Warum warst du nicht fleißig?
e) Servum manere iubere non potes, nam dominus eius non es. → Du kannst dem Sklaven nicht befehlen zu bleiben, denn du bist nicht sein Herr.
f) Piratae nos vicerunt. Nunc non iam liberi, sed servi sumus. → Piraten haben uns besiegt. Nun sind wir nicht mehr frei, sondern sind Sklaven.
g) Maesta sum, quia libera non iam sum. → Ich bin traurig, weil ich nicht mehr frei bin.

2. Substantive und Adjektive

1. a) amicae (Nom. Pl.), amicas (Akk. Pl.); b) arae (Gen. Sg.); c) nautarum (Gen. Pl.); d) flammis (Abl. Pl.); e) filiis (Dat. Pl.)
2. **Nominativ:** bellum (Sg.), anni (Pl.), exempla (Pl.), numeri (Pl.), servus (Sg.), verba (Pl.), venti (Pl.).
   Genitiv: anni (Sg.), avorum (Pl.), numeri (Sg.), populorum (Pl.), venti (Sg.), votorum (Pl.).
   Dativ: auxilio (Sg.), deis (Pl.), domino (Sg.), periculo (Sg.), vino (Sg.).
   Akkusativ: bellum (Sg.), cibos (Pl.), exempla (Pl.), nuntios (Pl.), verba (Pl.).
   Ablativ: auxilio (Sg.), deis (Pl.), domino (Sg.), periculo (Sg.), vino (Sg.).

3. **Jahr:** Dat. Pl. *annis*; **Feld:** Nom. Pl. *agri*; **Wort:** Akk. Pl. *verba*; **Volk:** Abl. Pl. *populis*; **Geschenk:** Akk. Sg. *donum*; **Junge:** Gen. Pl. *puerorum*; **Stille:** Abl. Sg. *silentio*; **Arzt:** Gen. Sg. *medici*; **Zahl:** Akk. Pl. *numeros*; **Mann:** Dat. Sg. *viro*.

4. **Stämme:** amor-; equit-; oper-; honor-; humanitat-; mont-; numin-; art-.

5. aetatum (der Zeitalter; Gen. Pl.), vocis (der Stimme; Gen. Sg.), montium (der Berge; Gen. Pl.), voluntati (dem Willen; Dat. Sg.), labores (die Arbeiten; Nom./Akk. Pl.), regibus (den Königen/durch die Könige; Dat./Abl. Pl.), sortium (der Schicksale; Gen. Pl.), clamore (durch das Geschrei; Abl. Sg.), arbores (die Bäume; Nom./Akk. Pl.), morum (der Sitten; Gen. Pl.), iudicibus (den Richtern/durch die Richter; Dat./Abl. Pl.), furi (dem Dieb; Dat. Sg.).

6. **amici:** Gen. Sg.: partis, victoris, navis oder: Nom. Pl.: partes, victores, naves
   amicis: Dat./Abl. Pl.: partibus, victoribus, navibus
   amicorum: Gen. Pl.: partium, victorum, navium
   amico: Dat. Sg.: parti, victori, navi oder: Abl. Sg.: parte, victore, nave

7. **corpus** – corporis – corporum – corporibus – corpore – corpus
   nomen – nomine – nominibus – nominum – nominis – nomini
   iter – itineri – itineribus – itinera – itinera – iter
   mare – maris – marium – maria – mare – mari

8. würdig – **dignus**; gut – **bonus**; rau – **asper**; fröhlich – **laetus**; fremd – **alienus**; neu – **novus**; lang – **longus**; links – **sinister**; bereit – **paratus**
   Lösungswort: Apollo et Diana.

9. Narrabo fabulam brevem. → Ich werde eine kurze Geschichte erzählen.
   Narrabo de filio mortali Apollinis, cui erat nomen Asclepius. → Ich werde von dem sterblichen Sohn des Apollo erzählen, der den Namen Asklepius hatte.
   Medicus erat et omnes homines morbis liberare studebat. → Er war Arzt und versuchte, alle Menschen von Krankheiten zu befreien.
   Etiam nonnullos homines morte liberavit. → Er befreite sogar einige Menschen vom Tod.
   Sed ea ars utilis deis non placebat. → Doch diese nützliche Kunst gefiel den Göttern nicht.
   Itaque Iuppiter eum fulminibus suis ingentibus necavit. → Deshalb tötete Jupiter ihn mit seinen riesigen Blitzen.
   Magnus erat clamor omnium hominum. → Groß war das Geschrei aller Menschen.

10. amori magn**o**, populorum felic**ium**, saxa grav**ia**, civium laet**orum**, libertate iucund**a**, maria alt**a**, gladio util**i**/**i**, noctibus long**is**, honores magn**i**/**os**, domini clement**is**/**es**, patris maest**i**, arbore dur**a**, cenas ingent**es**, oraculum difficil**e**.

11. Publius Romanus **multos** filios et filias habet. Itaque villa Publii **magna** est.

Hodie vir **alienus** familiam Publii visitat. Sedet in equo **ingenti**. Davus servus, quia virum ignorat, eum primo salutat et dicit: „Hic me exspecta. **Brevi** tempore domino meo nuntiabo te adesse." Tum villam intrat et dominum rogat: „Licetne viro **alieno** villam intrare?" Publius respondet: „Eum exspecto." Tum virum videt et clamat: „Tite amice! **Pulchrum** est te videre!" Deinde explicat: „Titus amicus meus **bonus** est. Nunc tandem post bellum **longum** revenit (zurückkommen). Iam putavi eum fortasse **mortuum** esse. Davus autem servus **novus** est, itaque te, amice, ignorat."

12. **vis:** die Gewalt; du willst; **cura:** die Sorge, durch die Sorge; sorge (für)!
 veni: ich bin gekommen; komm!
 sedes: der Sitz; die Sitze (Nom. + Akk.); du sitzt
 libera: die Freie, durch die Freie; die Freien (Nom. + Akk. Pl. Neutrum); befreie!

3. Pronomen

1. a) **Nos** laboravimus, vos autem dormivistis.
 b) Non vidi dominum **meum**. **Tune eum** vidisti?
 c) Titus **se** semper laudat et **se** tantum amat.
 d) Da **mihi** librum **meum**! Cur librum **tuum tecum** non habes?
 e) Omnes/cuncti populi patriam **suam** defendunt.
 f) **Vobiscum** in viis urbis **nostrae** / oppidi **nostri** ambulamus.

2. a) Marcus **eum** videt. **Ei** cibum dat, nam **eos** amat.
 b) Filiae **ei** dona dant. **Ea** matrem delectant, non cena.
 c) Mater amicis de **eis/iis** narrat. Amicae **eius** gaudent.
 d) Videsne **eam**? **Ea** mihi epistulam dedit, non filius.
 e) Auxilium **eorum** semper bonum est. **Eis/iis** gratiam habeo.

3. a) equus, **quem** ibi vides
 b) pueri, **quibus** dona dedisti
 c) puellae, **quarum** dona nos delectaverunt

d) regnum, de **quo** audivimus
e) exempla, **quae** nobis placent
f) villa, **quae** est ad oram (Küste) sita
g) gladius, **quo** fur senatorem necavit
h) periculum, **quod** homines terret
i) oratores, **quos** audivi

4. a) **Quem** visitavisti? b) **Cuius** filia est Livia?
c) In **qua** villa Livia habitat? d) **Quis** te ibi salutavit?
e) **Quid** Liviae dedisti?

5. a) In viis **totius** urbis te quaesivimus! → In den Straßen der ganzen Stadt haben wir dich gesucht!
b) Te **unum** fortuna amat, tibi **uni** favet. → Dich liebt das Glück als einzigen, dir als einzigem ist es gewogen!
c) **Una** nocte tempestas **tota** oppida delevit. → Das Unwetter hat in einer Nacht ganze Städte zerstört.
d) Marco **soli** narravi de parentibus, **aliis** amicis non narravi. → Marcus habe ich als einzigem von meinen (den) Eltern erzählt, den anderen Freunden habe ich [es] nicht erzählt.
e) Claudius **solus nulli** homini paret. → Claudius allein gehorcht keinem Menschen.

4. „Kleine Wörter“

1. aus der Villa – *e villa*; von der Villa – *a villa*; zur Stadt – *ad oppidum/urbem*; neben dem Tor – *iuxta portam*; in der Stadt – *in urbe/oppido*; beim Tempel – *apud/ad templum*; ohne seinen Freund – *sine amico (suo)*; in seiner Villa – *in villa (sua)*; durch das Tor – *per portam*; in die Stadt – *in urbem/oppidum*; in den Tempel – *in templum*; unter dem Dach – *sub tecto*; vor dem Tempel – *ante templum*; unter das Dach – *sub tectum*; mit seinem Freund – *cum amico (suo)*; über die Brücke – *trans pontem*; hinter seinem Rücken – *post tergum*; von dem Opfer – *de sacrificio*.

2. una civitas; unus gladius; duae filiae; tres reges; quattuor capita; quinque piratae; sex canes; septem montes; octo cives; novem homines; decem viae.

3. oraculo quinto; fuga prima; dei octavi; oculum secundum; mense decimo; noctis quartae; ponti septimo; pugna sexta; bellum tertium; furi nono.

5. Hauptsätze

1. a) Servus dominum videt. / Dominus servum videt.
   b) Servi in villa laborant. c) Canis puellae placet.
   d) Fur consulem gladio necat. / Consul furem gladio necat.
   e) Pueri hodie ad villam veniunt.

2. a) *Servus*: **Subjekt**; *narrat*: **Prädikat**; *villa domini mei*: **Subjekt** (mit Genitiv-Attribut); *magna et pulchra est*: **Prädikat**.
   b) *Ibi*: **adverbiale Bestimmung** (Ort); *multi servi*: **Subjekt**; *equos*: **Akkusativ-Objekt**; *curant*: **Prädikat**. *Ego*: **Subjekt**; *semper*: **adverbiale Bestimmung** (Zeit); *aquam*: **Akkusativ-Objekt**; *apporto*: **Prädikat**.
   c) *Filiis domini*: **Dativ-Objekt** (mit Genitiv-Attribut); *equi*: **Subjekt**; *placent*: **Prädikat**. *Filiae*: **Subjekt**; *equos eius*: **Akkusativ-Objekt** (mit Genitiv-Attribut); *non amant*: **Prädikat**.
   d) *Hodie*: **adverbiale Bestimmung** (Zeit); *cum pueris et puellis*: **adverbiale Bestimmung** (Art und Weise); *a villa*: **adverbiale Bestimmung** (Ort); *in oppidum*: **adverbiale Bestimmung** (Ort); *properabo*: **Prädikat** (Subjekt enthalten).

3. a) Die Gallier verteidigten unter großer Gefahr ihre Stadt.
   b) Zur sechsten Stunde gingen wir in der Stadt spazieren.
   c) Mein Gastfreund übertrifft alle an Menschlichkeit/Bildung.
   d) Weil die Pferde kein Futter hatten, machten die Reiter an einer geeigneten Stelle Halt.
   e) Der Feldherr rettete durch seine Weisheit alle aus der Gefahr.
   f) Meines Erachtens reicht es jetzt!

4. a) Titus verwaltete als Prätor (Prädikativum) eine Provinz, danach war er Senator (Prädikatsnomen).
   b) Alle waren traurig über die Nachricht (Prädikatsnomen); Gaius antwortete als erster (Prädikativum).
   c) Dein Bruder schlief als Einziger (Prädikativum), während alle arbeiteten.

5. a) Apporta dominae et domino cenam, serve!
   b) Litteras fratri mitte!
   c) In sedibus sedete et ludos spectate!
   d) Semper laeti este!
   e) Desinite virum verbis offendere, pueri!
   f) Patri pare et filiam senatoris saluta!
   g) Tandem desine pueros interrogare, magister!

6. a) **Ubi** est uxor tua? – Silvam (Wald) petivit, nam ibi ambulare vult. → Wo ist deine Frau? – Sie ist in den Wald gegangen, denn sie will dort spazieren gehen.
   b) **Cur** maesta es? – Canis meus mortuus est. → Warum bist du traurig? – Mein Hund ist gestorben (ist tot).
   c) **Quid** iacet sub tecto? – Vinum sub tecto iacet. → Was liegt unter dem Dach? – Wein liegt unter dem Dach.
   d) **Quando** domum venisti? – Modo domum veni. → Wann bist du nach Hause gekommen? – Ich bin gerade nach Hause gekommen.

7. a) Estne amica tua in foro? – In foro non est.
   b) Num navis hodie veniet? – Non hodie veniet, sed cras (morgen).
   c) Estne filia eius pulchra? – Valde pulchra est!
   d) Nonne placet tibi villa mea? – Certe mihi valde placet!

6. Gliedsätze

1. a) Viri, **quorum** nomina ignoro, mecum cenaverunt et biberunt. → Männer, deren Namen ich nicht kenne, haben mit mir gegessen und getrunken.
b) Videsne oratorem, **cui** multi homines nunc appropinquant? → Siehst du den Redner, dem sich nun viele Menschen nähern?
c) Num ignoras Ulixem (Odysseus), **qui** decem annos in bello pugnabat? → Kennst du etwa Odysseus nicht, der zehn Jahre im Krieg kämpfte?
d) Nonne audivisti de femina, **quae** eum diu exspectabat? → Hast du nicht von der Frau gehört, die ihn lange erwartete?
e) Narra de consilio, **quo** Ulixes Troiam (Troja) cepit! → Erzähle von dem Plan, mit dem Odysseus Troja eroberte!
f) Ante urbem est ager, **ubi** multa monumenta sunt. → Vor der Stadt ist ein Feld, wo viele Denkmäler/Grabmäler sind.
g) Causam, **quare** huc veni, tibi nunc nuntiabo. → Den Grund, weshalb ich hierher gekommen bin, werde ich dir nun nennen.
h) Consilium, de **quo** audivimus, bonum est. → Der Plan, von dem wir gehört haben, ist gut.
i) Terra, **unde** Afra serva venit, Africa est. → Das Land, aus dem / woher die Sklavin Afra kommt / gekommen ist, ist Afrika.

2. a) Virum in iudicium vocaverunt, **quia**/**quod** civem necaverat. → Man rief (sie riefen) den Mann vor Gericht, weil er einen Bürger getötet hatte.
b) Vir testes arcessit, **quia**/**quod** poenam fugere vult. → Der Mann holt Zeugen herbei, weil er der Strafe entgehen will.
c) Iudex testes audire vult, **quamquam** sentit virum poena dignum esse. → Der Richter will die Zeugen hören, obwohl er meint, dass der Mann einer Strafe würdig ist / eine Strafe verdient (hat).
d) Testes multa narrant, **quia**/**quod** virum liberare student. → Die Zeugen erzählen viel (viele Dinge), weil sie sich bemühen, den Mann zu befreien.
e) Iudex **quia**/**quod** non vult testes verbis falsis reum liberare, eos iterum atque iterum rogat. → Weil der Richter nicht will, dass die Zeugen mit falschen Worten den Angeklagten befreien, fragt er sie immer wieder.

f) **Quia/quod** denique eorum alius alia narrat, iudex reum damnat.
→ Weil von ihnen schließlich jeder etwas anderes erzählt, verurteilt der Richter den Angeklagten.
g) Testes reum non liberaverunt, **quamquam** studuerant eum liberare.
→ Die Zeugen haben den Angeklagten nicht befreit, obwohl sie sich bemüht hatten, ihn zu befreien.

3. a) si; b) cum; c) cum; d) si

4. a) Laborabam, **cum** clamor hominum me terruit. → Ich arbeitete, als das Geschrei der Menschen mich erschreckte.
b) **Cum** servum rogabamus, nobis semper de patria sua narrabat. → Immer wenn wir den Sklaven fragten, erzählte er uns von seiner Heimat.
c) **Si** nomen viri nescitis, rogate patrem! → Wenn ihr den Namen des Mannes nicht kennt, fragt euren Vater!
d) **Cum** villam intravi, omnes tacebant. → Als ich die Villa betrat, schwiegen alle.
e) **Cum** cibos emere volunt, forum petere solent. → Wenn sie Nahrungsmittel kaufen wollen, pflegen sie, auf den Markt zu gehen.
f) Multi servi dominos suos amant, **si** clementes sunt. → Viele Sklaven lieben ihre Herren, wenn sie mild sind.

5. Die Brüder Quintus und Titus sitzen mit den Eltern (zusammen) und essen, als ein großes (lautes) Geschrei sie erschreckt. Auf der Straße bellen Hunde, Menschen schreien, niemand schweigt. Sofort laufen auch Quintus, Titus und die Eltern auf die Straße. Als sie dorthin kommen, sehen sie Frauen weinen und Jungen und Mädchen durch die Straße irren. Einer der Männer aber schreit: „Unser Wohnblock brennt! Kommt zu Hilfe, ihr guten Männer!“ Alle fürchten sich, aber Cornelius, der Vater der Jungen, befiehlt mit lauter Stimme: „Bringt Wasser herbei! Wenn wir mit allen Kräften kämpfen (werden), werden wir die Flammen besiegen!“ Weil der Herr es befiehlt, laufen auch die Sklaven des Cornelius herbei. Quintus erschaudert; Titus aber eilt und bringt Wasser herbei, obwohl er sich fürchtet. Schon fangen die Flammen an zu wachsen. Nun läuft auch Quintus herbei und arbeitet mit allen

Kräften. So besiegen sie die Flammen. Einer von den Männern, die in dem Wohnblock wohnen, kommt und dankt Cornelius. Weil alle nun ihren Vater loben, freuen sich Quintus und Titus sehr.

6. Quintus et Titus fratres cum parentibus **sedebant** et **cenabant**, cum clamor magnus eos **terruit**. Statim etiam Quintus et Titus et parentes in viam **cucurrerunt**. Ibi **viderunt** feminas flere, pueros puellasque per viam errare. Omnes **timebant**, sed Cornelius, pater puerorum, magna voce **iussit**: „Aquam apportate!“ Iam flammae **crescebant**. Tum etiam Quintus **accurrit** et cunctis viribus **laboravit**. Unus e viris **venit** et Cornelio gratias **egit**.

7. a) Clamor eos terret. → Das Geschrei erschreckt sie.
   b) Feminae flent. → Die Frauen weinen.
   c) Accurrunt, quod/quia dominus iubet. → Sie laufen herbei, weil der Herr es befiehlt.
   d) Unus e viris, qui in insula habitant, Cornelio gratias agit. → Einer der Männer, die in dem Wohnblock wohnen, dankt Cornelius.
   e) Titus timet. → Titus hat Angst.
   f) Omnes Cornelium laudant. → Alle loben Cornelius.

7. Der AcI

1. a) Video medicum laborare. → Ich sehe, dass der Arzt arbeitet.
   b) Comperio filiam cum amico in viis ambulare. → Ich erfahre, dass die Tochter mit ihrem Freund in den Straßen spazieren geht.
   c) Pater narrat urbem magnam esse. → Der Vater erzählt, dass die Stadt groß ist.

2. a) Ich sah, dass der Sklave las.
   b) Die jungen Männer hörten, dass der Richter streng sei.
   c) Ich hörte, dass dir die Geschenke gefallen hatten.
   d) Alle merken, dass Claudia Marcus gefällt.
   e) Wir wissen, dass das Glück dich begünstigt hat.

3. a) Titus iubet servam aquam apportare. → Titus befiehlt, dass die Sklavin Wasser herbeibringen soll.
   b) Omnes sciunt furem consulem necavisse. → Alle wissen, dass der Dieb den Konsul getötet hat / dass der Konsul den Dieb getötet hat.
   c) Pueri vident arborem magnam esse. → Die Jungen sehen, dass der Baum groß ist.
   d) Pater putat servum fabulam narravisse. → Der Vater glaubt, dass der Sklave die Geschichte erzählt hat.
   e) Reus respondet alium senatorem gladio petivisse. → Der Angeklagte antwortet, dass ein anderer den Senator mit dem Schwert angegriffen hat / dass der Senator einen anderen mit dem Schwert angegriffen hat.

4. a) Livia narrat canem arborem vidisse. → Livia erzählt, dass ein Hund einen Baum sah.
   b) Livia narrat in arbore sciurum sedisse. → Livia erzählt, dass auf dem Baum ein Eichhörnchen saß.
   c) Livia narrat canem sciurum capere velle, sed eum non tangere. → Livia erzählt, dass der Hund das Eichhörnchen fangen will, es aber nicht berührt (berühren kann).
   d) Livia narrat itaque sciurum valde ridere. → Livia erzählt, dass das Eichhörnchen deshalb sehr lacht.
   e) Livia narrat sciurum autem non iam cavere. → Livia erzählt, dass das Eichhörnchen sich aber nicht mehr in Acht nimmt.
   f) Livia narrat tum sciurum de arbore cecidisse et canem eum cepisse. → Livia erzählt, dass das Eichhörnchen dann vom Baum gefallen ist und der Hund es gefangen hat.

Abschlussrätsel

1. a) amore (Nominalform); b) ibi (Adverb); c) mentes (Plural); d) iure (Nominalform); e) mare (Nominativ); vobis (Pronomen); parati (Adjektiv).
   Lösungswort: Minerva

2. senkrecht rot: exercent, cape, intrat, videtis, tace, es; grün: sumemus, crescet, ibo, nolet; blau: ibas.
waagrecht rot: bibit, habeo, perturbamus, pete; grün: exspectabimus, cupiet, ibunt, nesciet, voles; blau: ridebas, solebam.

3. 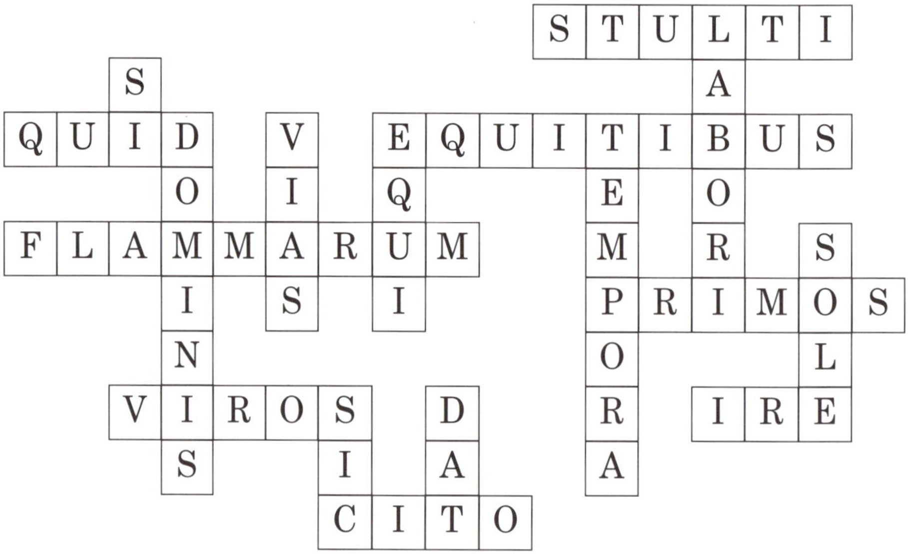

4. Hora sext**a** est. Quintus in tabern**a** sed**et** et Tiberium amic**um** exspect**at**, sed Tiberius cess**at**. Quintus Tiberi**um** diu exspect**at** et vin**um** bib**it**. Tandem ante port**am** can**em** Tiber**ii** latrare aud**it**. Tum amic**us** tabern**am** intr**at**. Quintus surg**it** et rog**at**: „Cur cess**avisti**? Iam diu te exspect**abam**, tu autem huc non ven**isti**."
Tiberius autem respond**et**: „Sci**o** te hic diu man**sisse** et me exspect**avisse**. Vill**am** me**am** relinquere par**abam**, cum Antonius ven**it** et me prohib**uit**."
Tum Quintus: „Vir miser es! Antoni**um** non ignor**o**. Quis verb**a** eius sustin**et**? Nunc mecum consid**e** et vin**um** bib**e**!"

5. 1) avus; 2) pugnare; 3) parentes; 4) properare; 5) privatus; 6) laetus; 7) mortales; 8) carere **Lösungswort:** imperator.